Ana Maria Ducuţă

Iubire Versus Neiubire

Iubire versus Neiubire

ANA MARIA DUCUȚĂ

Ilustrație copertă: Raluca Adriana Muntean

EVRIKA PUBLISHING

Editat de **Evrika Publishing SRL**.

Descrierea CIP a Bibliotecii Naţionale a României
DUCUŢĂ ANA MARIA
Iubire Versus Neiubire / Ana Maria Ducuţă. -
Bucureşti : Evrika, 2021
ISBN 978-606-95250-1-2

159.9

Redactare:	Crina Brăiloiu
Tehnoredactare:	Manuela Stoica
Design copertă:	Aurelian Leahu

EVR!KA PUBLISHING

ENTUZIASM
VIZIUNE
REZULTATE
!NOVAŢIE
KARMA
ACŢIUNE

Redacţie:
tel.: 0732.320.666
e-mail:
redactia@evrikapublishing.ro
evrikaaa.ro
Evrika Publishing
evrika.publishing

ujmag.ro
UNIVERSUL JURIDIC MAGAZIN

Librăria UJmag:
tel.: 0733.673.555; 021.312.22.21
e-mail: comenzi@ujmag.ro
ujmag.ro
Ujmag.ro

Bunicilor mei, Ana și Petre Mitran

Despre autor

Dr. Ana Maria Ducuță, originară din Slobozia, județul Ialomița, a avut primele contacte cu publicul încă din fragedă copilărie. De când avea șapte ani, Ana Maria a avut propria emisiune la radio în direct, timp de trei ore, în fiecare sâmbătă și duminică, fiind primul (și singurul) copil de șapte ani care realiza și prezenta o emisiune de radio în România.

Din 1996 până în 2001, Ana a fost realizatoarea și prezentatoarea emisiunii *Campusul copiilor,* în cadrul căreia tinere talente spuneau poezii, cântau sau participau la concursuri de cultură generală. Din acest motiv, mai multe posturi TV naționale au ales să difuzeze interviuri cu tânăra vedetă radio: TVR1 („Obiectiv“), Antena 1 („Duminica în familie“), TVR 2, ProTV („Sub semnul întrebării cu Adrian Păunescu), Prima TV și Acasă TV. De asemenea, de la vârsta de zece ani, Ana a devenit colaboratoarea ziarului *Concret,* unde a publicat o serie de articole săptămânale, care au fost apoi incluse în prima ei carte, *De la radio... în lumea poveștilor pentru cei mari.*

În timpul liceului, Ana Maria a inițiat un grup de teatru în limba franceză, grup care a participat la numeroase festivaluri naționale și internaționale. Ana Maria a scris teatru absurd în franceză, iar piesele ei au fost puse în scenă la multe festivaluri locale din România, dar și din Franța.

Jucând și scriind teatru, Ana a publicat prima sa carte în 2012, în limba engleză: *Teatru absurd contemporan: Iubește-mă, dar nu te îndrăgosti.* (*Contemporary absurd theater: Love me, but do not fall in love with me*). Pasiunea ei pentru limbi străine a determinat-o să aprofundeze studiile și să-și certifice competențele lingvistice, fiind deținătoarea diplomelor: Cambridge Certificate of Advanced English C1; DELF (Diplôme Approfondi de Langue Française) B2; DALF (Diplôme Approfondi de Langue Française) C1; CELI B2 (Certificati di lingua italiana) Universita per Stranieri di Perugia.

Încă din perioada copilăriei și a adolescenței timpurii, Ana Maria s-a implicat activ viața comunității în care a crescut, dorind să determine cât mai mulți oameni să ajuta la diversificarea și dezvoltarea activităților sociale și culturale la care să poate participa cât mai mulți adulți, dar și copii. Din 2007 până în 2009, ea a fost gazda emisiunii radio *Fresh Weekend*. Emisiunea a fost concepută special pentru tinerii elevi sau studenți care erau în căutarea unor oportunități suplimentare în comunitatea în care activau, dar și în străinătate. Începând cu clasa a XI-a, Ana Maria a fost vicepreședinte în Consiliul Național al Elevilor din România, desfășurând diverse activități culturale și sociale.

În timpul studiilor liceale, Ana a obținut numeroase premii la concursurile naționale de proză, precum și de versuri.

De asemenea, a participat la festivaluri de teatru în țări precum Spania, Ungaria, Franța sau Cehia. Începând cu 2009, și-a început studiile la Universitatea din București, urmând Facultatea de Științe Politice în limba engleză (Bachelor of Arts in Political Science). În timpul studiilor, a fost un membru activ al comunității academice, participând la numeroase proiecte de sensibilizare privind necesitatea studenților de a fi integrați pe piața muncii în timp ce își continuă studiile, și a participat la numeroase cursuri și conferințe pentru dezvoltarea comunității în care activa. Tema tezei de licență a fost o dezbatere istorică asupra legitimității intervenției umanitare în lumea modernă.

După examenul de licență, Ana a vrut să înțeleagă cât mai bine modul în care se schimbă lumea și a început un Master în Politică Comparată, în limba engleză. (Master of Arts in Political Science). Teza ei de masterat a avut un subiect relevant pentru societatea românească: „Rolul social și politic al femeilor: o perspectivă comparativă între perioada comunistă și România contemporană". Ana a efectuat numeroase interviuri aprofundate și cercetări de teren pentru această teză.

Ana a absolvit și un masterat în Relații Internaționale. Acesta s-a bazat pe tema războiului internațional împotriva terorismului, luând în calcul implicațiile acestuia asupra schimbării politicii externe a SUA. În timpul studiilor de masterat, Ana a scris o serie de articole în limba engleză pentru diferite publicații europene, precum *O singură Europă* și *Europa și eu,* despre discriminarea față de est-europeni, șomajul în rândul tinerilor, politicile culturale, felul în care erau tratate femeile în România comunistă, identitatea personală într-o lume globalizată, incluziunea minorităților și participarea la viața politică.

După ce și-a încheiat cu succes studiile de master, s-a înscris la un program de doctorat în domeniul istoriei, la Universitatea 1 Decembrie 1918 din Alba Iulia. Ana a abordat un subiect foarte controversat și totodată necercetat: rolul fenomenului spiritist în fundamentarea psihologiei ca știință independentă în secolul al XIX-lea.

Ana Maria a studiat în arhive din Paris, București, Mainz, Frankfurt, Barcelona și Londra diferite lucrări din secolele al IX-lea și XX și a reunit rezultatele cercetărilor în primul studiu academic de acest fel. În teza ei de doctorat a dovedit, în premieră, existența fenomenului spiritist ca factor activ în dezvoltarea drepturilor femeilor în Statele Unite ale Americi, în lansarea și extinderea democrației în Franța și în deschiderea orizonturilor culturale din societatea românească.

Ana a publicat numeroase articole și studii în timpul studiului de doctorat, precum: „Impactul fenomenului spiritist asupra societății și istoriei secolului al XIX-lea", în *Terra Sebvs. Acta Mvsei Sabesiensis*, Vol. 7 (2015), „O abordare istorică a fenomenului spiritist din secolul al XIX-lea", în *Romanian Review of Young Researchers*, Vol.II, Nr.4 (2016), ISSN 2393-2775.

De asemenea, un studiu relevant a fost publicat în *Revista Română a Tinerilor Cercetători* (*RRYR*), „Rolul fenomenelor spiritiste în dezvoltarea psihologiei experimentale din secolul al XIX-lea".

În februarie 2019, teza a devenit o carte numită *Perspectiva istorică asupra fenomenului spiritist din România*, publicată la editura Pro Universitaria.

Ana este acum un doctor în istorie și deschizător de drumuri în cercetarea unui fenomen care, până acum, nici măcar n-a fost considerat suficient de important pentru a fi studiat din punct de vedere istoric.

Ea a dovedit că psihologii timpurii au folosit metode spiritiste pentru a descoperi subconștientul și pentru a-l studia, precum și că scriitori, pictori și istorici de seamă au practicat spiritismul și l-au cercetat.

La 12 noiembrie 2016, Ana a participat la Conferința națională a studenților și cercetătorilor de doctorat, cu lucrarea *Perspectiva istorică asupra spiritismului: o analiză comparativă a periodicelor spiritualiste britanice și americane la sfârșitul secolului XIX*.

La Conferința Națională a Tinerilor Cercetători (CNTC 2015), organizată de Asociația Română a Tinerilor Savanți și de Institutul de Istorie Nicolae Iorga, la 12 decembrie 2015, Ana și-a prezentat lucrarea *Perspectiva istorică și noi direcții de cercetare a fenomenului spiritist*.

Mai mult, a participat și la Conferința Interdisciplinară de Doctorat, Panoul de Studii Istorice, Asociația Română a Tinerilor Savanți (IIDC 2016) cu lucrarea *Rolul fenomenelor spiritiste în dezvoltarea psihologiei experimentale din secolul al XIX-lea*".

Ana și-a prezentat cercetările despre *Istoriografia fenomenului spiritist* la Conferința Internațională pentru Disciplinele

Academice, la Universitatea Americană din Roma, în perioada 19-22 octombrie 2015. În 2017, Ana a participat la Conferința Națională a Tinerilor Cercetători (CNTC 2017), organizată de Asociația Română a Tinerilor Savanți, cu lucrarea *Spiritualism și psihologie experimentală în secolul al XIX-lea.*

O parte foarte importantă a activității ei se desfășoară pe canalul propriu de YouTube, unde este gazda unei emisiuni despre dezvoltare personală, spiritualitate și psihologie. Fiecare emisiune are o temă diferită, de la istoria religiei, a spiritualității sau a psihologiei la modul în care concurența și sentimentele negative ne afectează viața de zi cu zi. În fiecare vineri de la 20:00, Ana împărtășește sfaturi valoroase și cunoștințe despre cum să avem o viață mai bună, cum să creștem și să ne dezvoltăm personal, dar și cum să ne identificăm drept indivizi liberi, a căror influență asupra vieții altora este una pozitivă.

O altă parte a efortului său de a face lumea un loc mai primitor este lansarea unui curs online gratuit de dezvoltare personală și spiritualitate pe platforma Udemy (*Double spirituality: how to connect with your spirit*), care are acum peste 4 500 de cursanți înscriși din 101 țări. Cursul online dispune de o conferință video, note scrise, precum și sarcini practice care pot fi pe deplin înțelese și integrate în practica zilnică a cursanților. Ana crede că schimbarea începe cu noi înșine, iar accesul la educație ar trebui să fie gratuit, motiv pentru care a pus toate cunoștințele și eforturile sale în acest curs la care poate participa oricine fără costuri.

În aprilie 2019, Ana Maria a primit titlul de Femeia anului din România (Woman of the Year) la Belgrad, Serbia, pentru munca ei de cercetare în domeniul academic, precum și pentru lucrările publicate. Premiul i-a fost decernat în cadrul unei ceremonii internaționale, la care au participat personalități din Europa, Statele Unite și Africa.

Anul 2019 a însemnat și susținerea prelegerii „Ne putem schimba destinul?“, a conferinței *Activează-ți puterea interioară*, precum și lansarea unor cursuri online.

În 2021, Ana a sustinut în iunie conferința *Activarea conștiinței creatoare*, la Casino Sinaia, în Sinaia.

În februarie 2020, Ana a publicat cartea *Drumul către noi*, care reunește o serie de eseuri, cugetări și analize despre cum să gestionăm ce simțim și gândim, astfel încât să ne bucurăm de ceea ce devenim.

În iulie 2020, Ana a apărut pe coperta revistei *Tango, marea dragoste* alături de scriitorul Mircea Cărtărescu. Revista a publicat și un amplu interviu (realizat de Alice Năstase Buciută), în care Ana vorbește despre pasiunile și activitățile ei.

În prezent, Ana realizează două emisiuni pe canalul ei de YouTube și pe pagina ei de Facebook: „Drumul către noi“ și „De vorbă cu mama“. Un alt proiect foarte interesant este Podcastul „Editura Neverland“, unde invită personalități din spațiul cultural, medical sau al mass media, pentru a dezbate probleme care țin de buna funcționare a sufletului și a minții noastre.

În martie 2021, Ana a publicat cea de-a patra carte, la editura Pro Universitaria: *Calea Sufletului*, o culegere de gânduri, emoții și îndrumări pentru cei care au pornit în căutarea identității lor emoționale.

1

Sindromul „băiatul mamei“ și codependența emoțională a bărbatului adult

Când vorbim despre o relație și, mai ales, despre relaționarea cu familia partenerului sau a partenerei, lucrurile se complică puțin. Nu mai suntem doar *noi doi,* suntem *noi și mama ta, noi și tatăl tău,* noi și toate programele mentale moștenite de generații întregi. Familia omului pe care îl iubești vine „la pachet“ cu el și, indiferent că ne place sau nu, că vrem să recunoaștem asta sau nu, familia lui este o parte importantă din ceea ce gândește, simte și manifestă în viața lui.

„Băiatul mamei“ este acel bărbat matur, ajuns la o vârstă la care îl putem considera adult perfect funcțional din punct de vedere financiar, emoțional, mental, dar care se raportează la femeia de lângă el ca la o înlocuitoare a mamei sale sau ca la a doua mamă. În primul caz, așteaptă să primească de la parteneră tot ce-i oferea/oferă mama lui, în același stil (ciorba să aibă fix gustul de leuștean cu care se obișnuise în copilărie), iar în al doilea caz, „cea de-a doua mamă" să-i ofere ceva în plus față de mama lui. Sindromul „băiatul mamei" înseamnă că, odată intrat în orice relație, el nu va căuta un egal, un partener, o comunicare transparentă, ci o îngrijitoare dispusă permanent să-i satisfacă nevoile și doleanțele fără ca el să ofere vreodată ceva în schimb. Poftim? Ai vrea să primești recunoștință în schimbul muncii tale de salahor neobosit? Ia-ți gândul de la asta și, mai bine, vezi cum reușești să îmbunătățești felurile doi și trei pe care le pregătești la masă, pentru „băiatul mamei", care între timp a devenit „băiatul tău". Recompensa ta este faptul că-ți poți aduce contribuția la starea lui de bunăstare și confort: menirea femeii care îl are drept iubit pe „băiatul mamei" este aceea de a îl îngriji, crește și sprijini în tot ce are el de îndeplinit. Ea este asistenta, îngrijitoarea și susținătoarea lui, până în punctul în care fie separat, fie alături de mama lui, reușește să îi asigure o viață la nivelul standardelor lui. Îngrijitoarea „băiatului mamei" nu primește niciodată nimic pentru ea, ci tot ceea ce poate primi este bucuria ca l-a ajutat, mulțumit, salvat pe scumpul ei băiețel, care în societate este denumit simbolic „partener". Dar să nu vă ducă în eroare acest cuvânt care poate însemna „parteneriat". Nu, nu. Aici avem o relație unidirecțională, dinspre femeia care e în permanență ocupată cu „băiatul-mamei" și care duce relaţia pe umerii ei, dar nu ca pe o corvoadă, ci ca pe un blazon mult-râvnit.

Cine este vinovat de instaurarea sindromului „băiatul-mamei"? Vina este a mamei în cauză, dar şi a „băieţelului" ei deja adult. Pe de-o parte, bărbatul matur care se comportă ca un copil răsfăţat are un precedent în relaţiile anterioare, la care se raportează, iar acest precedent este felul în care mama lui l-a tratat şi l-a obişnuit că merită să fie iubit, încă din copilărie. Un băieţel căruia mama îi face toate poftele, îi prepară zilnic micul dejun de când e mic copil până la maturitate, îi calcă, îi spală şi îi aranjează toate chestiunile domestice, îl transformă într-un adult care a înţeles deja că nu e treaba lui să aibă grijă de aceste aspecte cotidiene. Dar a cui este treaba? A figurii feminine, pe care societatea ne-o înfăţişează drept responsabilă cu gospodăria, cu naşterea copiilor, cu gătitul. Aţi auzit vreodată expresia „mâncare ca la tata acasă"? Nu, dar aţi auzit expresia „mâncare ca la mama acasă". Asta deşi sunt bărbaţi pasionaţi de gătit, bucătari excelenţi si taţi responsabili, dar aceştia nu pot primi rolul onorific de manageri domestici, pe care l-am rezervat femeilor.

O cauză importantă care stă la baza acestui sindrom este tiparul emoţional al mamei în cauză. Acest tipar poate include următoarele aspecte:

1. Mama autoritar-imperativă. Faci ce spun eu, crezi ce cred eu, „eu te-am făcut, eu te omor". Bărbatul matur este un băieţel nesigur şi infatuat, care în sinea lui se îndoieşte în permanenţă de deciziile sale, crede că

orice face este greșit și vrea să pară un mascul feroce în relațiile lui amoroase, tocmai pentru a nu-i ieși la suprafață propria nesiguranță. În relația cu o femeie va fi extrem de precaut, va da dea impresia că știe ce face, dar de fapt va trăi cu anxietatea potențialului eșec.

2. Mama pasiv-agresivă. Te critic constant, te descurajez, iți zic că nimic din ce faci nu e bine, iți fac reproșuri și te compar cu alți copii. Nu există urme de violență fizică, abuzul este doar emoțional. Din afară, poate părea o mamă preocupată de copilul ei. Grija este însă exclusiv pentru propria-i persoană și imagine: este important ca acest copil să meargă la olimpiade, la concursuri, la ateliere de formare pentru ca mama să aibă o imagine favorabilă în ochii altora, nu pentru că îi pasă de dezvoltarea armonioasă a copilului. A nu se înțelege de aici că mamele care își duc copiii la ateliere sunt pasiv-agresive, ci că este vorba despre mamele care își duc copiii la activități fără să manifeste iubire, sprijin și compasiune în relația cu micuții lor. Orice le-ar oferi ele copiilor, recompensele materiale nu compensează lipsa ingredientului magic: iubirea de mamă.
3. **„Mama răniților“:** se preocupă excesiv de copil, se sacrifică fie că este nevoie, fie că nu, este geloasă dacă micuțul ei se apropie de sau împrietenește cu altcineva. Își dedică întreaga viață copilului, dar în această întreprindere îl izolează pe copil complet de oricine altcineva și de orice altă sursă de bucurie. Universul ei este

copilul și e firesc ca și pentru copil ea să reprezinte întregul univers. Această datorie a copilului de venerare a mamei nu dispare odată cu vârsta. În aparență, relația lor este una de invidiat, dar în esență e o conectare forțată.

Sindromul „băiatul mamei“ se manifestă, în relațiile cu alte femei, în mai multe moduri. Bărbatul în cauză nu își poate asuma niciun fel de responsabilitate fără să-i dea raportul mamei, fără ca mama să își spună părerea. Orice acțiune, gând sau faptă care nu se află în aria de interes a mamei reprezintă pentru băiat un semnal de alarmă. Prin urmare, fiul abandonează orice misiune care nu este pe placul mamei sale.

Sindromul „băiatul mamei“ se reflectă în incapacitatea bărbatului de a-și respecta promisiunile făcute partenerei de viață, de a-și manifesta sentimentele într-un mod consecvent și de a-i lua apărarea iubitei sale în momentul într-o eventuală dispută a acesteia cu mama lui. Este foarte important ca femeile care ajung să se confrunte cu un tip de energie masculină nevindecată (cum e cel al băiatului mamei) să înțeleagă că acești bărbați nu sunt rău intenționați, lași, fără aspirații sau priorități, ci pur și simplu niște persoane care au fost private emoțional din fragedă pruncie și cărora li s-a inoculat de zi ideea că nimic nu poate fi bun, în afară de ce spune, gândește sau gătește mama. Acest instinct hiperprotector pe care mamele de băieți îl pot dezvolta la momentul când apare o altă femeie în viața fiului lor, pe care o percep ca fiind o competitoare, este la rândul lui dovada unei cantități de energie feminină nevindecată, pe care mama o are la nivelul corpului ei energetic. Acolo se află o rană emoțională profundă. De cele mai multe ori, este vorba despre o rană cauzată de sacrificiul de sine, de abandon, de respingere. Înainte de a le judeca pe aceste mame de băieți și de a spune: „Nu pot să cred că în sfârșit băiatul tău este cu cineva, iar tu intervii în relația și în viața lui. Cum poți face asta?", este foarte important să analizăm un pic și viața persoanei în cauză și să înțelegem că mama însăși nu crește niciodată. Ea rămâne toată viața ei mama unui băiețel și nu ajunge niciodată mama unui adult, pentru că ea continuă să se identifice cu rolul de protector. Așadar, sindromul „băiatul mamei" pornește chiar de la mama în cauză, care îi întreține băiatului — și, mai târziu, bărbatului — ideea conform căreia toată viața lui trebuie să fie îngrijit de o femeie. De cele mai multe ori, femeia în cauză poate fi doar mama lui; în momentul în care apare altcineva, mama consideră că îi face un favor fiului ei apărându-l de femei care, chipurile, ar avea doar interese materiale, care nu-i vor binele, care nu-l iubesc și care, „cu siguranță", au un scop ascuns, pentru că ele nu ar putea vreodată să-l iubească pe acest bărbat pentru ceea ce este el. De ce? Pentru că nu există un bărbat acolo, ci doar un copil ale cărui nevoi trebuie satisfăcute în permanență. Este o chestiune de înțelegere profundă a persoanei cu care suntem într-o relație, pentru că atunci când vorbim despre sindromul „băiatul mamei", vorbim despre înțelegerea faptului că acest bărbat chiar este o persoană neajutorată. De ce? Pentru că lui i s-a luat cea mai bună și singura modalitate de a-și trăi viața, respectiv de a încerca și de a greși, de a eșua, de a avea anumite lipsuri, de a căuta afecțiune și de a nu o primi fără să depună vreun efort. Toate aceste lucruri, pe care în mod normal un om le experimentează pe parcursul vieții – o grămadă de eșecuri, dezamăgiri, dureri –, sunt absente în cazul băiatului mamei, pentru că mama este acolo în toate situațiile pentru a-i demonstra că nimeni și nimic nu poate să-i facă rău atât timp cât ea își întinde aripa protectoare asupra puiului său. Într-adevăr, această aripă protectoare poate fi însoțită de cele mai bune intenții. Însă aceste bune intenții inhibă și opresc dezvoltarea psihoemoțională normală a adultului. Din punct de vedere spiritual și energetic, îi opresc bărbatului creșterea și dezvoltarea, astfel încât ajunge ca în toate interacțiunile sale cu energia feminină să se întoarcă în acel moment din copilărie în care s-a simțit cel mai iubit, protejat și alintat de mama sa și se va comporta ca un copil răsfățat de fiecare dată când i se va aduce la cunoștință că există o nemulțumire ori că a greșit. Și acum putem spune: *Dar de ce băiatul mamei, de exemplu, dacă mama greșește, nu comentează și este întotdeauna de acord, orice ar decide aceasta, iar eu, ca femeie și ca parteneră care locuiesc și trăiesc cu acest bărbat, nu am voie să comentez și, de cele mai multe ori, trebuie să fiu țapul ispășitor?* De ce nu se pun la îndoială și deciziile mamei? Pentru că acest bărbat este crescut să nu pună la îndoială nimic din direcţia maternă. Este un antrenament energetic la care el este supus în fiecare zi, încă de mic copil. Este cumva crescut în acest spirit al unui zid pe care trebuie să îl ridice între el şi ceilalţi oameni, în eventualitatea în care mama nu mai poate fi acolo să-l protejeze. Sunt extrem de multe cazuri în care aceşti bărbaţi nu ştiu de ce nu se pot implica într-o relaţie. Ei caută o relaţie, după care o aduc acasă pe fata respectivă – pe care o consideră potrivită pentru ei, frumoasă, de care sunt îndrăgostiţi, iar mama, bineînţeles, spune că nu este de acord cu ea ori invocă tot felul de motive pentru a o îndepărta. Sau se mai poate ca mama să îşi dorească totuşi o parteneră pentru copilul său, însă standardele ei să fie ridicol de ridicate şi de apropiate de perfecţiune, încât nicio femeie nu e suficient de bună pentru a deveni partenera fiului ei. În momentul în care acest tip de mamă se confruntă cu posibilitatea de a-şi pierde puiul neajutorat, ea reacţionează instant. Vorbim de fragilitatea copilului care descoperă lumea şi care are nevoie de un ghid şi atunci ea îi sare imediat în ajutor. Este precum o cloşcă care te ciupeşte şi sare la bătaie dacă încerci să te apropii de puii ei. Până la urmă, acest instinct matern hiperdezvoltat, pe care îl întâlnim în cazul femeilor care au ajuns la o anumită vârstă şi care la rândul lor au copii ajunşi la maturitate, este unul care se naşte în urma unor răni emoţionale profunde. De foarte multe ori, are drept cauză incompatibilitatea emoţională şi energetică cu propriul partener, care este în anumite cazuri şi tatăl „băiatului-mamei".

Este într-un fel o respingere a energiei masculine pe care o primește sau pe care ar trebui s-o primească din partea soțului, și atunci toată această grijă și sensibilitate este redirecționată către copilul de sex masculin. Este important să înțelegem semnificația exactă a acestui aspect. Pe de-o parte, din partea mamei avem un instinct hiperprotector, iar pe de altă parte, din partea fiului matur avem o încercare, sortită de cele mai multe ori eșecului, de a-și demonstra bărbăția, masculinitatea, puterea. Însă cum poți să demonstrezi că ești puternic, că poți să faci lucruri, dacă nu ți se dă ocazia să le faci pentru că le face altcineva în locul tău? Aceasta este și problema cu sindromul „băiatul mamei": un bărbat care a fost învățat și obligat să accepte tot timpul să primească lucruri fără să muncească pentru ele va considera că nu este bine să-i ofere cadouri partenerei, că nu este normal să o sprijine financiar, că nu trebuie să facă curățenie în casă, că nu este datoria lui să aibă grijă de copii, chiar dacă sunt și ai lui. Toate aceste aspecte legate de felul în care un om se implică în responsabilitățile familiale au legătură directă cu ce a trăit el în sânul propriei familii, cu ce a fost învățat zi de zi, până să plece de-acasă, că este normal, firesc, important. Și atunci când băiatul mamei se va implica într-o relație cu o femeie care-l scoate complet din zona de confort, care-l pune să aibă grijă de ea – rolurile se schimbă: nu mai este băiatul mamei, acum trebuie să aibă el grijă de cineva –, se prea poate să fie îngrozit, terifiat. Care este prima persoană la care se duce să se plângă de ce i se întâmplă? Mama lui. Este momentul în care mama poate să preia informația completă și să-și valideze toate teoriile pe care oricum le avea cum că fiul ei care nu are parte de o femeie suficient de bună pentru el. Ea poate spune: „Această femeie nu este pentru tine" și poate să caute confruntarea directă. Confruntarea directă este una dintre cele mai sensibile teme când vine vorba despre băiatul mamei. Această confruntare pune față în față cele două figuri feminine care au grijă de el și care, în această situație, sunt în antiteză. Una este femeia care i-a dat viață și care l-a crescut până într-un anumit moment, dar care nu s-a retras complet din rolul de protector, ci a rămas undeva în umbră, fiind persoana care îl crește în continuare și care ia decizii pentru el; cealaltă este persoana care ar trebui să continue rolul celei care i-a dat viață și să-l crească în continuare.

În momentul în care partenera băiatului mamei vine și spune: *Eu nu am de ce să te cresc, eu nu am de ce să am grijă de tine, pentru că ești un bărbat matur,* acesta se poate refugia sub aripa protectoare a mamei și spune: „Dă-mi voie să te contrazic. Uite o femeie care îmi oferă tot ceea ce eu îmi doresc, toate lucrurile cu care eu sunt obișnuit. Această femeie este dispusă oricând să vină în locul tău. Fă cunoștință cu mama mea".

Confruntarea directă aduce la suprafață aceste două paradigme complet diferite: mama poate să-i facă reproșuri iubitei fiului ei, iar acesta să nu-i ia apărarea partenerei sale, pentru că se simte prins la mijloc, rușinat, dar mai ales pentru că îi este frică să o contrazică pe cea care l-a învățat tot ce știe și tot, l-a format și i-a spus cum anume ar trebui să se comporte. De foarte multe ori, se poate ca, într-o confruntare directă dintre mamă și parteneră, băiatul mamei să nu fie de acord cu ceea ce mama sa îi impută lui sau partenerei. În același timp însă, el nu are la îndemână resursele emoționale care să-i permită să ia atitudine, să facă ceva sau ca să spună că nu este de acord. Și atunci ce va face? Va lăsa ca lucrurile să-și urmeze cursul. Asta înseamnă că cineva trebuie să fie sacrificat. Acel cineva, de cele mai multe ori, este fie partenera lui, fie chiar relația în sine, pentru că partenera se poate ridica de pe scaun după o confruntare cu mama hiperprotectoare și spune: *Eu nu pot continua așa, eu nu am cum să fiu alături de un bărbat care este deja într-o relație; și nu doar că este într-o relație, dar eu sunt în plus.*

Aceasta este o confruntare a energiei feminine nevindecate: pe de-o parte, partenera băiatului mamei acumulează extrem de multe frustrări, extrem de multe nemulțumiri; e vorba despre multă neputință, mai ales dacă respectivul cuplul are și un copil sau mai mulți. Pe de altă parte, mama se simte trădată, se simte dată deoparte de băiatul ei care acum a ales să se lase în grija unei alte femei. Pentru o mamă hiperprotectoare nu există nimic mai bun decât ce face ea și doar felul în care ea are grijă de băiatul ei este potrivit și îi poate satisface acestuia toate nevoile; nimeni nu se pricepe mai bine decât ea. Iar dacă partenera fiului ei nu are grijă de el așa cum o face ea, atunci aceste două forme de energie feminină aflate în conflict pot duce doar la următoarele rezultate: fie la despărțirea definitivă, fie pot, în cel mai bun caz, să-l facă pe băiatul mamei să conștientizeze ce i se întâmplă și să se trezească, să ia atitudine.

Cum se maturizează băiatul mamei?

El poate înceta să mai fie băiatul mamei. Poate rămâne ajutorul mamei sale, sprijinul ei, dar în același timp depășește stadiul de pui neajutorat, neprotejat și neputincios care solicită asistență emoțională, spirituală și financiară în permanență. Acest lucru se obține, bineînțeles, renunțând el singur la beneficiile pe care le presupune acest tip de codependență: mama hiperprotectoare este dependentă de ajutorul pe care-l acordă fiului ei, de neputința pe care o stârnește în el, iar băiatul neputincios este dependent, evident, de ajutorul mamei. Aici avem o situație de codependență emoțională extrem de puternică, situație din care nu se iese decât dacă bărbatul în cauză ajunge atât la niște concluzii pe care le trage singur (nu pentru că îi spune mama sau partenera ce să facă), cât și la o stare de conștientizare a rolului său și a priorităților din viața lui.

Mai exact, dacă un bărbat vrea și își dorește să nu mai fie băiatul mamei, el trebuie să ia singur decizii, să se oprească din a beneficia de ajutorul absolut, necondiționat al mamei, să se oprească din a o lăsa pe aceasta să-i controleze viața, de la cele mai mici decizii (cu ce se îmbracă, ce mănâncă), până la deciziile importante (unde merg în vacanță, câți copii fac, rămân căsătorit în continuare, găsesc un anumit job). Băiatul mamei poate deveni bărbatul responsabil și matur care se bucură să și ofere, nu doar să primească, doar prin renunțarea conștientă și responsabilă la acest rol privilegiat de care s-a bucurat foarte mulți ani.

Cea mai mare problemă cu băiatul mamei, din punct de vedere emoțional, este că el nu are ce – și chiar dac-ar avea, n-ar ști cum – să ofere unei femei, în așa fel încât aceasta să se simtă protejată, iubită, să simtă că ea este în centrul atenției lui. De obicei, el nu trebuie să facă acest efort, pentru că mama lui a trasat niște reguli de comportament extrem de riguroase, pe care el le respectă. Fiul este cel care trebuie să fie ajutat întotdeauna, iar mama este singura care-i poate oferi ajutorul respectiv. Din această relație de codependență rezultă sindromul „băiatului mamei", generat la rândul lui de sindromul mamei hiperprotectoare, care se simte trădată în momentul în care băiatul ei alege să-și găsească bunăstarea și fericirea alături de o altă femeie. Foarte important: pot apărea fisuri în relație, care duc la ură față de partener, sau cuplul în cauză se poate despărți. Chiar dacă cei doi au o relație bazată pe iubire profundă, acest sindrom ajunge să-i distrugă partenerei încrederea în bărbatul de lângă ea și să o facă să se îndoiască de iubirea lui pentru ea. De fiecare dată când este prins la mijloc între mamă și iubită, între mamă și soție, băiatul mamei redevine copilul scos la tablă, pus la colț. I se activează anumite sechele alea rușinii trăite, rușine pe care i-o va transmite și partenerei lui, aceasta trebuind să se simtă rușinată de faptul că nu respectă o femeie mai în vârstă decât ea.

În acele momente, băiatul mamei nu va putea să riposteze, deși partenera îi impută acest lucru și chiar dacă, când ajung acasă, el spune: „Da, sunt de acord cu tine, Îți dau dreptate". Chiar dacă apar discuții între cei doi parteneri, în care se pun de acord că nu mai trebuie să facă ce zice mama bărbatului, ei vor ajunge fix în același punct, pentru că de fiecare când este inițiat un conflict, în interiorul acestui tip de bărbat se activează un copil nevindecat care suferă din cauza rănilor cauzate de autoritatea excesivă și de rușinea suportată. El nu va îndrăzni să ridice tonul la figura autoritară care a știut să-și consolideze imaginea în fața copilului și i-a dat de înțeles – foarte important! – că, dacă va pleca din sfera ei de influență, va fi pierdut. Băiatul mamei nu stă lângă mamă doar pentru că aceasta îi asigură un anumit confort. Există o frică foarte puternică pe care el o are: odată ce se va desprinde de femeia atotprotectoare și atotștiutoare, va eșua din toate punctele de vedere. Asta este ceea ce i-a fost inoculat: *lumea de afară este periculoasă, toate femeile sunt periculoase și oamenii sunt răi, singurul loc în care ești în siguranță e aici, sub aripa mea protectoare.*

Această hiperprotecție maternă nu este întotdeauna intenționată. De foarte multe ori, femeile nu-și dau seama că acționează astfel pentru că sunt, la rândul lor, rănite sau sunt dezamăgite și, cumva, încearcă să-și securizeze din punct de vedere emoțional relația cu o anumită persoană – în acest caz, cu persoana cea mai apropiată: propriul ei copil. Este important să fie aprofundată această chestiune, pentru că realmente poți – ca femeie, dar și ca bărbat – să ajungi să te îndoieşti de tine, să nu ştii cine eşti, fiind ancorat spiritual şi energetic într-o relaţie de profundă codependenţă. Relaţiile de codependenţă nu le permite să se maturizeze, să se dezvoltare vreo direcţie anume sau să înveţe ceva din ceea ce li se întâmplă. Există foarte mulţi oameni care au răni emoţionale extrem de profunde în urma relaţiei deficitare cu unul dintre părinţi, chiar dacă au studii superioare, au călătorit mult şi au avut suficiente interacţiuni cu alte persoane.

Acest lucru se întâmplă pentru că, din momentul în care chiar părintele nu îl mai ajută pe copil – ba chiar îl împiedică – să se maturizeze, îl blochează emoţional şi spiritual într-un stadiu la care a ajuns acum 10 sau 20 de ani, el rămâne blocat în acel stadiu. Astfel de oameni nu mai reuşesc să asimileze nimic şi nu se mai pot raporta la ceilalţi într-un mod firesc. Ei nu mai sunt deschişi emoţional, ci, mai degrabă, toată viaţa lor încearcă să rămână închişi într-o zonă sigureă, confortabilă, pentru a nu fi puşi în pericol de un potenţial contact cu o altă persoană în afară de părintele protector. Sindromul băiatul mamei poate fi vindecat, dar numai cu foarte multă răbdare. Este foarte important ca partenera unui astfel de bărbat să nu cedeze în vreun fel în faţa presiunilor lui sau în faţa celor ale mamei lui. În condiţiile în care ea nu simte că trebuie să facă anumiţi paşi, să acţioneze într-un fel, ci alege să tacă din gură pentru a evita un potenţial conflict, înseamnă că sunt lucruri vitale de discutat. Un conflict nu este o simplă ceartă, ci mai degrabă o lămurire, o clarificare esenţială pentru a vedea unde te situezi în relația cu un om. În al doilea rând, băiatul mamei poate chiar el să renunțe la acest rol și să-și dorească mai multe de la viață, nu doar să trăiască în umbra unui părinte autoritar.

Este adevărat că această conștientizare este una care apare în condiții dificile, în urma unui conflict puternic, care poate unul interior sau exterior – cu unul dintre părinți. Mama hiperprotectoare care declanșează *sindromul băiatului mamei* și îl întreține de-a lungul timpului se prea poate să aibă un partener intimidat de autoritatea ei și, practic, energia masculină din întreaga familie să fie complet anulată. Este o familie care funcționează strict pe baza energiei feminine vindicative, în care mama le spune atât partenerului, cât și fiului sau fiilor ce anume au de făcut.

Este posibil ca mama în cauză să nu aibă aceeași atitudine față de fiica ei și să nu simtă același instinct protector, dar e la fel de posibil ca ea s aibă aceeași atitudine și față de fiica sau de fiicele ei. În acest caz, putem vorbi la fel de bine și despre fata mamei – o situație în care mama consideră că niciun bărbat nu e suficient de bun pentru odorul ei.

Această persoană abuzează foarte mult de poziția pe care o are în familie, de autoritate, iar copilul trebuie să asculte și să execute ordinele.

Când un părinte este autoritar și trece peste sufletul și peste mintea copilului său, care e diferită de a lui (copilul are nevoi complet diferite, oricât de mult îl iubește părintele), vorbim de o ignorare a identității copilului respectiv și de o anihilare a personalității lui. Un copil care crește cu această rană profundă a subestimării (provocată de un părinte autoritar) este un copil care nu va putea să-și asume decizii mai târziu și care se va îndoi tot timpul atât de el însuși, cât și de cei din jur. El nu va fi capabil să primească iubirea celorlalți, pentru că are sechelele unei răni profunde și, ori de câte ori va veni cineva către el, chiar și cu intenții bune, el nu va putea să le identifice ca fiind bune și va reveni la rana cauzată de părintele autoritar. Se va comporta ca și când așteaptă să fie salvat sau, din contră, pedepsit de cel care i-a predat de-a lungul anilor un anumit model comportamental.

2

Unde se duc iubirile neîmplinite, gândurile nerostite și emoțiile neexprimate?

Unde se duc iubirile neîmplinite, gândurile nerostite și emoțiile neexprimate?

Ce se întâmplă cu toate aceste povești care, de multe ori, ni se pare că se desfășoară doar în mintea noastră?

Unde se duc toate aceste stări pe care nu le materializăm, toate lucrurile pe care le simțim profunde, dar pe care nu ajungem să le experimentăm alături de persoana iubită? Sau nu ajungem să le experimentăm niciodată, rămân ascunse într-un sertar al sufletului și ne continuăm viața doar după ce trăim acea stare exclusiv în interiorul nostru.

Rămâne totuși întrebarea: De ce un eveniment care nu are nicio finalitate în realitatea fizică – dar care, cu toate acestea, este extrem de intens – îmi afectează și îmi schimbă viața? Eu, în cadrul acestui proces, încep să îmi schimb felul de a mă privi și de a privi o relație, așteptările pe care le am sunt complet diferite după o iubire neîmplinită pe care o experimentez ca pe o trăire foarte profundă.

Este foarte important punctul de plecare și care sunt obiectivele noastre în viață. Dacă abordarea este una rațională, materialistă, de tipul: *în viață mi-am propus să am o anumită sumă de bani, să am anumite bunuri materiale, să am anumite realizări pe plan personal, mi-am propus să îndeplinesc anumite obiective – fericirea, starea mea de împlinire este direct proporțională cu îndeplinirea acestor obiective.*

Dacă nu realizez aceste obiective și nu mă consider un om împlinit și fericit, atunci această abordare este una extrem de limitativă și îmi aduce foarte multă suferință, din mai multe motive. În primul rând, viața nu este niciodată așa cum îmi imaginez eu. Întotdeauna se întâmplă ceva complet neprevăzut, de foarte multe ori dezastruos, de foarte multe ori tragic, care dă totul peste cap. În al doilea rând, dacă lucrurile s-ar produce în ordinea pe care mintea mea o consideră firească, aș rata probabil cele mai importante etape de dezvoltare spirituală pe care mi le oferă situațiile neprevăzute. Oportunitățile mele de dezvoltare, de învățare, de reconfigurare a programelor mentale negative se regăsesc în provocările pe care eu nu am cum să le anticipez.

Toată viața nu fac altceva decât să fiu șlefuit, educat, învățat de lucrurile mai puțin plăcute, de lucrurile dureroase, de ignoranța unor oameni, de respingerea sau de trădarea lor. Dar acolo, în acele lucruri, este șansa pe care eu o primesc. De aceea, dacă punctul meu de plecare în viață este de tipul: *Eu am nevoie să îndeplinesc anumite lucruri (ţeluri), am nevoie să fiu într-un anumit fel ca să-mi fie bine, viaţa mea depinde de împlinirea acestei poveşti de iubire, de acest job,* se prea poate să mă trezesc într-o zonă extrem de confuză şi dramatică. După ce împlinesc obiectivul personal pe care mi l-am impus ca fiind realizarea vieţii mele, pot ajunge la concluzia că nu este ceea ce mi-am dorit. Sau să înţeleg că da, este ceea ce mi-am dorit, dar între timp au apărut alte probleme mai mari decât obiectivul personal, care necesită toată atenţia mea. Acest tip de condiţionare, de a trăi în acord cu graficul societăţii, cu ceea ce îmi spune familia, cu ceea ce mintea mea consideră că e benefic pentru mine, este de-a dreptul otrăvitor. Eu nu pot niciodată să fiu corespondentul variantei perfecte despre mine, cel din mintea mea. Nici nu trebuie şi nici nu am nevoie de aşa ceva.

Sufletul şi mintea prosperă doar în libertate, în spontaneitate. În momentul în care impun limitări, trăiesc consecinţele acestora: durerea profundă. În cazul iubirilor neîmplinite, vorbim despre nişte stări extrem de intense pe care le trăim cu toţii când ne îndrăgostim, când iubim profund pe cineva, când ne dorim ceva foarte mult. Dacă aceste stări nu se concretizează (un certificat de căsătorie, un proiect cu rezultate profesional cu rezultate tangibile), avem tendinţa să spunem că sunt inexistente. Dimpotrivă, ele reprezintă baza pe care eu îmi construiesc viaţa şi reprezintă premisa de creştere emoţională şi spirituală de la care eu pornesc în fiecare zi.

Poate că o iubire neîmplinită nu-mi va aduce împlinire, după cum rezultă chiar din descrierea acesteia; poate că lucrurile nu se concretizează în direcţia pe care mi-o doresc, pe care o anticipez sau la care lucrez. Cu toate acestea, tot ce fac pentru persoana pe care o iubesc, tot ce simt şi ce gândesc este înregistrat de sufletul şi de mintea mea şi este depozitat la nivelul corpului meu energetic. Informaţia respectivă nu se pierde, chiar dacă omul care a generat-o dispare din viaţa mea, alege să mă trădeze sau spune: „Nu mă interesează absolut nimic din ceea ce are legătură cu tine, la revedere!" Atunci e posibil să am senzaţia că mi-au fost trădate aşteptările şi gesturile pe care le-am întreprins pentru cineva şi pot crede că persoana respectivă a profitat de mine, că undeva am făcut greşeala de a mă lăsa păcălit. Alţii se pot bucura şi spune: „Ce fraier e ăsta, ce ţeapă am reuşit să-i dau". În momentul respectiv nu ne dăm seama că tot ce trăim este depozitat cu grijă la nivelul corpului nostru energetic, iar aceea este informaţia cu care ne hrănim şi pe care o accesăm la nevoie.

Poate că într-o anume situaţie, din trecut sau din prezent, eu nu am reuşit să duc la bun sfârşit ceea ce mi-am propus – să finalizez un proiect la care lucram, să am un copil, să fiu implicat într-o anume relaţie, să schimb un aspect important din viaţa mea. Însă toată pregătirea emoţională, mentală, toate gândurile pe care le-am îndreptat spre atingerea ţelului respectiv, toate emoţiile pe care le-am trimis către starea, persoana, conjuctura respectivă sunt viitoarele mele instrumente de interacţiune emoţională şi de dezvoltare mentală. Le voi putea accesa ca pe nişte fişiere dintr-un computer în momentul în care îmi vor fi necesare în viitor. Chiar dacă acestea nu se manifestă într-o formă care să ducă la o realizare palpabilă, la o consecinţă clară, emoţia şi gândul sunt prezente în tot ce fac, în tot ce eu voi îndeplini în viitor şi mă ajută (sau, din contra, mă sabotează) în tot ce-mi propun. Aceste conştientizări pot apărea într-o etapă ulterioară nevoilor noastre emoţionale. Este posibil să fi ajuns într-un punct în care am avut o mulţime de relaţii eşuate, în care am fost foarte dezamăgiţi de oameni şi, la un moment dat, ajungem să ne întrebăm: *Ce se întâmplă?* Explicaţia este că tot ce se petrece în viaţa noastră este atât rezultatul conştiinţei creatoare, cât şi cauza declanşatoare a acesteia. Mai exact, toate lucrurile pe care eu le am în acest moment, toate suferinţele, bucuriile, neîmplinirile mele reprezintă tot ce eu am construit până acum, dar şi tot ce voi construi de-acum înainte. Aici este marea noastră încercare şi provocare: aceea de a ne dezlipi de iluzia extrem de realistă că ceilalţi trebuie să facă ceva pentru noi, să ne ofere şi ei ceva în schimbul a ceea ce noi le-am dăruit, să fie buni cu noi dacă şi noi am fost buni cu ei. Iluzia că dacă eu iubesc un om şi el trebuie simtă iubirea mea la un moment dat este una alimentată de falsa aşteptare că ceilalţi sunt instrumente pentru satisfacerea aşteptărilor mele. Când nu primim iubirea pe care noi credem că o merităm, ne închidem în emoţia dezamăgirii şi nu ne mai permitem să iubim, nu ne mai dăm voie să mergem în altă direcţie. Aici intervine problema: dacă sunt nemulţumit de un aspect din viața mea, iau această nemulțumire și o transfer asupra tuturor celorlalte aspecte din viața mea. Pentru fiecare dintre noi există necesitatea de a dezvolta un mecanism de cooperare emoțională cu emoțiile complexe. De exemplu, poate că eu acum sunt necăjit pentru că am o problemă de sănătate. Totodată, în viața mea tocmai s-a întâmplat ceva foarte bun pe care l-am așteptat de mult timp. În acel moment, eu procesez emoția de bucurie alături de emoția durerii exact la nivelul la care se află ele și nu amestec lucrurile. Rămân într-o stare de bucurie optimistă, de liniște pentru lucrurile bune pe care le am în viață și, în același timp, mă interesez ce se poate face pentru a rezolva lucrurile mai puțin bune, acele lucruri care mă dor, care mă deranjează, dar care momentan există și nu am cum să le elimin complet. În momentul în care învăț să gestionăm emoțiile complexe (emoția bucuriei care coexistă cu cea a disperării), eu reușesc de fapt să cultiv starea de bucurie în mod conștient. Cultivarea bucuriei ca stare de conștiință, inclusiv în acele aspecte ale vieții mele în care nu există bucurie, ci numai suferință este primul pas pentru ieșirea din suferință.

Avem nevoie să știm că dacă avem o problemă – chiar și una gravă, ceva ireparabil – nu înseamnă că trebuie să luăm această problemă și să o suprapunem peste absolut tot ce ni se întâmplă, să ne legăm singuri la ochi și să spunem: *Eu am acum această problemă, ea mă acaparează complet și voi direcționa către ea toată energia pe care aș dedica-o îndeplinirii celorlalte scopuri ale mele.* Eu voi lua toată energia bucuriei și o voi direcționa către problema mea, dar și invers: voi lua energia dureroasă a acestei probleme și o voi suprapune peste toate bucuriile mele. În acest fel, ajung într-un punct de unde nu mai am nicio cale de scăpare, pentru că eu însumi le-am distrus pe toate. Să ies dintr-o situație dezastruoasă, îngrozitoare înseamnă să nu rămân concentrat pe starea îngrozitoare, ci pe starea de bucurie pe care o voi avea după ce reușesc să depășesc un obstacol. Înseamnă să găsesc alternativele prin care-mi hrănesc sufletul, prin care-mi liniștesc mintea și o țin în echilibru, astfel încât să pot merge mai departe. Acolo, mai departe, sunt variantele salvatoare, dar, dacă nu trec de etapa distrugătoare și dacă mă las copleșit de emoțiile negative, nu mai văd nimic în afară de problema respectivă.

În general, ne limităm la fapte și la realitatea fizică. Sigur că faptele sunt foarte importante; de exemplu: *Nu contează cât de mult mă iubește un om dacă nu îmi arată asta, am nevoie și de fapte.* Dar există și multe lucruri care se manifestă într-un mod extrem de subtil, care n-au legătură cu evenimente palpabile, ci mai degrabă cu ce simțim în noi. De exemplu, te gândești intens la un om, simți ceva profund pentru cineva și poate că nu ai vorbit niciodată cu acel om despre asta; cu toate acestea, spui: *Eu și omul acesta avem o conexiune:* sau: *de prima dată de când l-am văzut pe acest om, am știut că este ceva care ne leagă.* Această conexiune o putem avea și cu un animal – cu o pisică ori cu un cățel și, în momentul respectiv, spunem: *Nu-mi vine să cred! De când l-am văzut, am știut că e câinele meu.*

De ce știu că este câinele meu? Pentru că eu, la nivel subconștient, am accesat informația pe care, așa cum spuneam mai devreme, o am întipărită în mine, informație care provine din tot ce-am trăit, din tot ce-am simțit, din toate emoțiile și gândurile mele. Dacă eu, ca individualitate emoțională, în calitate de corp energetic, am identificat într-o anume situație o informație care corespunde cu informația stocată în interiorul meu, una care îmi activează informația proprie și o potențează, atunci voi stabili o conexiune emoțional–energetică cu acea persoană, care se poate concretiza sau nu în fapte, dar ea nu va fi mai puțin validă chiar și dacă nu se va materializa.

De foarte multe ori suntem îndurerați și ne simțim neputincioși din cauză că nu suntem iubiți sau că nu am reușit să ducem la îndeplinire ceva, fără să ne dăm seama că din punct de vedere emoțional și energetic s-au întâmplat foarte multe în relația cu persoana respectivă sau în situația respectivă. Unele lucruri nu se concretizează pentru că nu este spre binele nostru și tot ceea ce ni se întâmplă este analizat în detaliu de propria noastră conștiință și de Divinitatea care este peste tot în jurul nostru, astfel încât să corespundă nivelului nostru de evoluție mentală și spirituală și să ne fie de folos. Mai exact, dacă eu, în calitate de conștiință, identific un corp energetic al unei persoane cu care am foarte multe în comun, cu care am o conexiune foarte profundă, dar, în același timp, identific faptul că noi nu ne intersectăm din punct de vedere al evoluției noastre spirituale, este foarte probabil să existe opreliști în conexiunea noastră. Aceste opreliști pot veni dinspre mine – o stare de respingere, de abandon, de incompatibilitate, deși persoana respectivă vrea să comunice cu mine – sau dinspre celălalt. În multe cazuri, eu pot să simt afecțiunea profundă a unui om și, în același timp, acea persoană să nu facă niciun pas către mine, să nu manifeste niciun indiciu cum că sentimentele ar fi reciproce. Asta se datorează faptului că atât conștiința mea, cât și conștiința persoanei respective interacționează încă din momentul în care ne întâlnim. Dacă eu descopăr și dacă celălalt descoperă că nu avem de parcurs un drum în comun, că din punct de vedere emoțional, mental și spiritual nu ne intersectăm nicăieri în această viață, atunci practic nu o să se întâmple nimic. Însă se poate ca eu să împărtășesc cu acel om o cantitate de emoții și de stări mult mai profunde decât împărtășesc cu un om cu care am avut o relație de zece ani, locuind zi de zi în aceeași casă.

Asta pentru că, de foarte multe ori, intensitatea emoțională nu are legătură cu interacțiunea fizică ori cu timpul pe care îl petreci cu cineva și nici cu perioada de timp de care ai nevoie ca să cunoști o persoană. Sunt oameni care ne permit să-i cunoaștem într-un timp foarte scurt și oameni care nu ne lasă să-i cunoaștem preț de-o viață întreagă, deși trăim alături de ei. Un om poate fi sau nu dispus să ofere acces la sufletul și la mintea lui. Dacă nu este dispus, nu o să poți forța niciodată conexiunea.

Pentru noi este important să știm că unele lucruri nu se petrec în capul nostru. Sigur, este important și să nu trăim doar în capul nostru, de exemplu, să spunem: *Am văzut astăzi pe stradă pe cineva, am avut o conexiune incredibilă, o să fim într-o relație, este foarte clar, sigur ne vom căsători.* Este important să păstrăm proporțiile și să vedem cât de dăunătoare este o conexiune în momentul în care avem așteptări să se întâmple ceva, dar nu se întâmplă nimic. Sigur că trebuie să pun punct fabulațiilor, dar, în același timp, un gând nerostit și o emoție neexprimată sunt la fel de adevărate (sau chiar mai adevărate) decât o emoție exprimată față de cineva. În câmpul subtil al ființei mele, în profunzimea, în interiorul, în tăcerea din sufletul meu se iau majoritatea deciziilor legate de viața mea, de viitorul meu, de oamenii cu care mă întâlnesc. Eu îmi reconfigurez întregul sistem emoțional și mental în fiecare secundă. Eu ca suflet pot să descopăr un om ca fiind extrem de compatibil cu mine și pot avea o conexiune extrem de intensă cu el. În același timp tot eu, ca suflet, pot descoperi că acest om nu face parte din parcursul meu spiritual și emoțional, că nu este benefic pentru mine, că eu am mai multă nevoie de singurătate în acel moment (sau de relația cu altcineva). Când identific asta, pot începe să apară tot felul de obstacole în relația noastră.

De multe ori sunt niște obstacole iraționale, de multe ori celălalt spune: *Nu știu de ce nu ne vedem.* Te întâlnești cu cineva și îți mărturisește: *Știi, mie mi-a plăcut foarte mult de tine acum 20 de ani, nu știu de ce nu ți-am zis, n-a fost să fie...*

Cine n-a fost să fie? Cum n-a fost să fie? De ce n-a fost să fie? Pentru că, din punct de vedere energetic și emoțional, nu te-ai intersectat cu acel om pe harta spirituală comună.

Contează să știm că da, eu ca suflet pot să am o conexiune emoțională extrem de puternică cu cineva, că celălalt poate să aibă o conexiune emoțională foarte puternică cu mine, dar nu vom fi împreună în această viață. De multe ori, această conexiune este reciprocă. De la fel de multe ori, această conexiune poate nu este reciprocă. Celălalt spune: *Mă topesc după tine, simt iubire față de tine,* iar eu spun: *Îmi pare rău, din partea mea nu e nimic.* Și acel om se întreabă: *Dar cum poți să nu simți nimic? Cum e posibil? Nu ajunge la tine iubirea mea?*

Poate ajunge la mine iubirea ta, dar poate că eu, din punct de vedere energetic și emoțional, nu pot să procesez acum ceea ce tu îmi oferi pentru că sunt în altă etapă. Pentru că am programat din punctul de vedere al conștiinței mele întâlnirea cu altcineva. Poate chiar eu, prin nivelul meu spiritual, am programat o întâlnire mult mai dureroasă decât cea cu tine, cel care mă iubește, și poate că pentru mine ar fi mult mai ușor să fiu cu tine. Sunt lucruri pe care am nevoie și trebuie să le experimentez, lucruri care sunt întotdeauna în acord cu lecțiile mele neînvățate, cu nevoile mele emoționale din prezent și în acord și cu ceea ce un alt suflet are în planul lui divin.

Discuția despre suflet și minte este una foarte interesantă, pentru că de multe ori sufletul unui om ne iubește, adică are o conexiune foarte intensă – cea mai intensă conexiune o reprezintă iubirea. Însă mintea acelui om nu ne iubește. Din punct de vedere mental, acel om are o configurație complet diferită de cea sufletească. El poate fi un suflet foarte bun, dar, în același timp, complet deconectat de mintea lui și viceversa. Poate să nu facă legătura între ceea ce simte și ceea ce gândește. Mai exact, el este programat să nu iubească, nu își dă voie să iubească, mintea lui are acest program de singurătate, de respingere a oricărei potențiale iubiri. Sufletul lui spune: *Da, vreau, iată un suflet care mă vrea.* Perfect, conexiune realizată, doar că mintea lui spune: *Nu vreau această conexiune.*

Sigur că există un conflict interior puternic, dar, în același timp, eu trăiesc ceea ce acel suflet emite către mine, resimt acea stare. Eu îl simt pe acel om, emoțional, dar la nivel faptic, nu se întâmplă practic nimic. Ce spun este doar în capul meu. De foarte multe ori, nu este doar în capul nostru și noi primim la nivel emoțional o informație de la sufletul persoanei respective, care spune: *Salvează-mă de mentalul ăsta otrăvit, vreau și eu puțină iubire.*

În viață, sufletul caută iubire neîncetat. De dimineață de când se trezește și până seara. când se duce la culcare, sufletul caută iubire. Caută să primească și să ofere iubire. Aceasta este „meseria" și sarcina sufletului, el cu asta se ocupă.

Mintea, în schimb, are grijă să vadă care este cea mai bună posibilitate prin care pot să primesc iubire; este această iubire compatibilă cu nevoile mele? Mintea este, de cele mai multe ori, „administratorul" a ceea ce eu simt. Uneori, poate să fie un administrator foarte rău sau unun care-și dă demisia, ceea ce nu este în regulă. O hiperactivitate a minții în defavoarea sufletului sau o lipsă de activitate a minții în favoarea totală a sufletului reprezintă un blocaj foarte mare. Este necesar să îmi trăiesc emoțiile, dar am nevoie și să discern între aceste emoții: *Da, m-am îndrăgostit de un om toxic.* În același timp, mintea vine și-mi dă și motivele pentru care ersoana respectivă este toxică. Deși sufletul meu îl vrea, mintea tocmai a dat o înștiințare de care trebuie să țin cont. Felul în care se întrepătrunde aspectul mental cu cel emoțional este egal cu creșterea mea spirituală. În proporția dintre ceea ce simt și ceea ce gândesc este cheia creșterii mele emoționale.

De multe ori ne mințim singuri că cineva ne iubește doar pentru că este mult prea dureros să acceptăm adevărul – că nu ne iubește. Dacă într-un anumit moment nu pot să procesez o emoție, nu sunt pregătit pentru ea, mintea o să-mi livreze un scenariu drăguț: *Stai liniștit, omul ăsta de fapt nu știe să-și exprime sentimentele.* Se poate ca mintea mea să aibă dreptate în multe situații, iar omul respectiv să nu știe să-și exprime sentimentele. Dar dacă este cu adevărat iubire, persoana în cauză o să își exprime sentimentele. Ceva o să se întâmple. Poate mai târziu decât anticipez, poate nu așa cum doresc, dar ceva se va întâmpla în mod practic, real, palpabil. Doar eu, ca suflet, ca individualitate, în calitate de conștiință pot să evaluez cât anume pot suporta, câtă tăcere pot suporta din partea unui om, câtă lipsă de implicare sau cât abuz. Fiecare are limite emoționale diferite, oricât de rigide sau flexibile sunt ele. Asta pentru că, în momentul în care sunt pus în pericol, în momentul în care există ceva care mă face să nu mai fiu eu însumi/eu însămi, să pot pune punct, să pot spune: „Stop!“.

De aceea într-o poveste de iubire vorbim despre nuanțe extrem de subtile, pe care nu am cum să le anticipez, nu mă pot baza pe o relație anterioară pentru a le defini. Fiecare experiență este complet diferită de cele anterioare. Cea mai mare greșeală în absolut orice relație este să compar oamenii și să încerc să îl înțeleg pe actualul partener pornind de la dicționarul emoțional al fostului meu partener. Este o greșeală uriașă, o greșeală care mă împiedică să mă conectez cu acel om și să-mi învăț lecția pe care acel om are să mi-o predea. Prin urmare, de multe ori sunt prins într-un ciclu emoțional de repetare a acelorași lecții pe o perioadă de mulți ani.

Ca să pot învăța, am nevoie să fiu relaxat, să învăț să mă relaxez atunci când sunt cel mai încordat. Atunci când îmi este cel mai greu, trebuie să știu cum să fac să-mi fie ușor. Poate sună a paradox, ce e greu nu are cum să fie ușor. Tocmai pentru că este greu, trebuie să văd care sunt portițele de scăpare.

În orice formă de credință limitativă, de program limitativ există o scăpare, există o portiță. Acolo este șansa mea. În orice situație în care mă simt prins în capcană, există o ieșire. Felul în care eu găsesc această ieșire este exact ce am de învățat din povestea respectivă.

Sunt foarte multe situații în care am nevoie să învăț cum să mă delimitez de durere și am nevoie să știu că eu nu sunt acea durere. Cum fac asta? Trecând prin foarte multe situații în care simt durerea, până când nu o mai simt. Am nevoie de un număr infinit de suferințe ca să învăț să nu mai sufăr. De foarte multe ori, descoperim singurele modalități prin care învățăm să nu mai suferim în urma unor suferințe la limita dintre viață și moarte. Nu poți să ai perspectiva clară decât atunci când ieși din zona ta de confort, de siguranță. Această perspectivă se obține trecând prin situații limită, prin dureri îngrozitoare, trecând prin stări pe care nu ne-am dori să le trăim vreodată. În același timp, este esențial în acele momente să înțeleg, în primul rând, că tot ceea ce se întâmplă este spre binele meu și are un rost și, în al doilea rând, este nevoie ca eu să lucrez foarte mult cu mine însumi pentru a rămâne ancorat în bucurie. De aceea mulți oameni spun că „speranța moare ultima". De ce? Pentru că eu, la nivel energetic și emoțional, sunt prezent în starea de bine care va urma după ce voi trece de starea de rău și sunt mai prezent acolo, în acea stare de bine, decât în actuala mea stare de rău.

În acest mod reușesc să trec peste starea de rău, pentru că mă delimitez de ea. Dar dacă aleg și cred că pot să ies dintr-o stare de rău făcând rău cuiva sau fiind rău cu mine, evident că pot ajunge la concluzia că este imposibil și durerea mea se va amplifica. De aceea pentru noi e fundamental să înțelegem în primul rând cine suntem, în ce etapă a vieții ne aflăm și, în al doilea rând, să ne vindecăm toate rănile care, de foarte multe ori, ne împing pe niște culmi periculoase de experimentare a unor relații toxice, a unor stări din care vrem să ieșim, dar nu știm cum.

Asta înseamnă că atât timp cât eu nu știu exact cine sunt, cum sunt, ce mă doare, ce mă deranjează, ce vreau de la mine, atât timp cât eu nu îmi recunosc sincer toate defectele și problemele și cât încă dau vina pe ceilalți și le spun celorlalți că ei sunt autorii dezastrelor din viața mea, nu am cum să cresc. Oricât de mult mucegai, oricât de multă igrasie, oricât de mult întuneric aș descoperi în interiorul meu, atunci când aleg să confrunt răul, am o șansă să scap de el. Atât timp cât îl neg sau încerc să-l acopăr, nu am nicio șansă să scap de el. Oricât de întunecate ar fi anumite părți din mine, aduse la suprafață și conștientizate, ele pot fi aerisite prin mecanismele de cooperare cu emoțiile și cu gândurile mele. Astfel, nu doar că se face lumină, dar vindec cu adevărat acele părți.

Gândurile și emoțiile noastre sunt realitatea din interior de care unii oameni râd și spun: *Așa ești tu, mai sentimental, asculți o anumită muzică, te uiți la copaci și la cer, așa ești tu, mai sensibil.*

Lucrurile nu stau așa, pentru că realitatea din interior este până la urmă singura realitate pe care o trăiesc. Eu nu pot ști cum e realitatea din interiorul altcuiva, oricât de mult îl iubesc pe acel om, oricât de mult mă iubește, chiar dacă el îmi povestește și ce văd eu. Nu se poate. Tu vezi acum un loc, o stradă cu ochii cuiva care a copilărit acolo, cu ochii adolescentului care s-a sărutat prima dată pe strada respectivă, cu ochii omului care și-a rupt bicicleta pe stradă, iar un alt trecător poate să vadă acolo doar o stradă. De aceea avem nevoie să ne recunoaștem această subiectivitate la care suntem supuşi ca fiinţe umane, ca să avem o şansă la obiectivitate.

Pentru că dacă ne ţinem băţoşi şi spunem: „Perspectiva mea e singura valabilă şi reală şi nu privim lucrurile şi prin prisma celor din jur, nu avem nicio şansă să-i înţelegem pe ceilalţi, nu avem nicio şansă să ne înţelegem pe noi înşine sau să înţelegem că orice întâmplare din viaţa noastră este tranzitorie, în afară de conştiinţa noastră, care este eternă şi care înregistrează în permanenţă absolut fiecare bucăţică de informaţie, oricât de neimportantă şi tranzitorie ar fi aceasta.

De aceea, de multe ori, o iubire neîmplinită din punct de vedere spiritual şi emoţional este pentru mine un combustibil mult mai puternic şi mult mai hrănitor decât o poveste de iubire împlinită, o poveste în care eu ofer şi primesc iubire. Asta pentru că profunzimea la care ajung în fiecare situaţie este de fapt motivul pentru care mă aflu acolo. Este şansa pe care o am ca să nu mai repet greşelile pe care le fac, ca să învăţ să iubesc, ca să învăţ să am compasiune şi să fiu mai bun. Lucrurile din perspectiva conştiinţei noastre şi din perspectiva sufletului nostru nu sunt judecate în funcţie de cât de multă tristeţe sau bucurie a fost acolo, ci în funcţie de cât de mult am folosit, am evoluat, am învăţat din experienţa respectivă. De aceea, putem spune că iubirile neîmplinite, gândurile nerostite şi emoţiile neexprimate se duc exact acolo de unde au plecat: în conştiinţa noastră, care le va utiliza atât pentru toate celelalte experienţe pe care le vom trăi, cât şi pentru momentul prezent, pentru ceea ce trăim acum. Dacă eu am avut o serie de experiențe negative, o serie de tragedii, de dureri, de traume pe care nu le-am adus la suprafață și nu le-am vindecat și acceptat, voi recicla la infinit gândurile și emoțiile din situația dureroasă. De aceea, vindecarea traumelor și a rănilor emoționale nu este un moft, ci o necesitate. A fi sincer cu tine, a vedea care sunt lucrurile pe care trebuie să le îndrepți, care sunt emoțiile pe care trebuie să le confrunți este singura și unica șansă de a trăi cu sens și de a nu-ți face viața un calvar. Pentru că sunt oameni care trăiesc într-un infern generat chiar de ei înșiși și zi de zi aruncă niște cărbuni în infernul în care stau și au grijă ca nu cumva să se stingă focul, să se perpelească mai tare. Acest infern este starea de neputință, de neiubire, de ură, de frustrare și convingerea că cineva, undeva este vinovat pentru ce se întâmplă. Convingerea că tu nu poți face nimic, starea de victimă este o stare îngrozitoare, pentru că întotdeauna poți alege ceea ce simți și ceea ce gândești, oricât de dureroasă ar fi realitatea. Această alegere se face după foarte multe erori, după încercări, după foarte, foarte multă trăire. Avem nevoie de absolut toate trăirile din viața noastră, chiar de cele negative, chiar de trădare, tocmai ca să putem vedea unde anume ne-am abandonat pe noi înșine, cum anume s-a putut produce trădarea altui om față de noi? Unde eram când celălalt a plecat și ne-a lăsat? Dacă a plecat și ne-a lăsat, noi trebuia să fim cu noi în acel moment și nu ne mai simțeam abandonați. Dacă mă simt abandonat și trădat e foarte clar că eu nu am fost acolo cu mine, că n-a mai fost nimeni la mine, că sufletul meu n-a mai fost la mine, a fost la celălalt. Disponibilitatea cu care ne oferim sufletele celorlalţi ne arată indisponibilitatea pe care o avem faţă de noi înşine, faţă de cultivarea şi păstrarea propriul suflet. Această cultivare şi păstrare a sufletului nu înseamnă lipsă de iubire faţă de ceilalţi, nu înseamnă că eu de acum înainte nu mai interacţionez cu nimeni. Eu am nevoie să ofer iubire, dar, în acelaşi timp, am nevoie ca această iubire să fie oferită cuiva care poate să o primească, să fie oferită când nu sunt într-o stare de vulnerabilitate şi de disperare şi să folosesc iubirea ca pe o monedă de schimb pentru puţină atenţie şi validare pe care le primesc de la celălalt. Am nevoie să învăţ să iubesc având sufletul la mine, adică să-l iubesc pe celălalt în libertatea alegerilor lui, şi el la fel, fără să fie condiţionat de ceea ce un om alege să facă cu viaţa lui.

Orice fel de relaţie în care nu există iubire necondiţionată, în care avem foarte multe neîmpliniri şi foarte multă frustrare este de fapt o oglindă în faţa conştiinţei noastre, pe care o folosim pentru a vedea ce anume este de îndreptat la noi înşine, ce anume este de corectat faţă de noi înşine. Ceea ce învăţăm din aceste iubiri neîmplinite este atât de valoros, încât de multe ori stă la baza viitoarei iubiri împlinite. De multe ori, încrederea în noi înşine aşa se construieşte: prin foarte multă neîncredere, prin foarte multe răni emoţionale cu care venim din urmă. Descoperim cine suntem cu adevărat şi care este cu adevărat puterea gândurilor şi a emoţiilor noastre de a ne crea viaţa şi de a crea o conexiune cu celălalt. Atât timp cât între mine și celălalt nu există emoție autentică, adevărată, noi doi nu suntem într-o relație. Nu putem susține că avem o relație. Putem să credem că avem o relație, dar ceea ce se întâmplă emoțional și energetic între doi oameni dictează profunzimea relației respective, dictează durata relației respective și dictează și cât timp vor sta unul lângă celălalt din punct de vedere emoțional. Există relații care sunt secătuite de acest schimb de energie, nu mai are loc schimbul energetic între parteneri și atunci aceștia vor căuta să-și ia energie din altă parte, din alte surse și își vor abandona partenerul din punct de vedere emoțional, înainte de a-l abandona din punct de vedere fizic. Tocmai acesta este punctul în care trebuie să avem grijă să nu ajungem niciodată: să nu ne abandonăm pe noi ca suflete, ca mental pentru că am fost dezamăgiți, ne-am simțit vinovați, ne simțim rușinați de ceva greșit ce am făcut în trecut.

Mai degrabă trebuie să vedem cum anume ne putem îndrepta către sufletul nostru, ce anume îi lipsește sufletului nostru și, mai ales, care sunt instrumentele pe care le avem la îndemână astăzi pentru a crește emoțional și spiritual și pentru a folosi la maximum tot ceea ce am trăit, am simțit, am gândit până în momentul prezent al vieții noastre, în absolut toate relațiile.

3

Cum mă port cu o persoană toxică din familia mea?

Iată o întrebare întâlnită foarte des, care apare când o persoană toxică este rudă cu mine. Evenimentele legate de oamenii foarte dragi și apropiați ne afectează altfel decât cele care țin de de persoane care nu sunt atât de apropiate de noi, de emoțiile pe care le avem față de cei cu care nu avem o relație foarte strânsă. În acele situații putem spune: *OK, am la muncă un mediu toxic, dar ajung acasă, mă așez, mă relaxez;* sau spunem: *Cineva din anturajul meu este toxic, nu este nicio problemă, nu o să mă mai văd cu persoana respectivă.*

Dar nu același lucru se întâmplă în momentul în care o persoană foarte apropiată este o persoană toxică. Nu poți spune cu ușurință: *La revedere, persoană toxică. Eu îmi văd de viața mea.*

Exact așa cum mâncarea este toxică și poate să mă otrăvească, să mă ucidă, corpul energetic al unei persoane poate fi toxic și-mi poate cauza daune emoționale, mentale și de foarte multe ori chiar și fizice. Sunt oameni care au o energie atât de negativă, încât ne ia răul în prezența lor. Care rău? Răul pe care ei îl conțin la nivel de emoție, stare și energie. În momentul în care cineva îți provoacă o stare de rău, corpul tău energetic primește un mesaj de la persoana în cauză: *Sunt în pericol, salvează-mă.* Însă aceste persoane toxice de foarte multe ori nu-și doresc să fie salvate, pentru că definiția unei persoane toxice este *cineva a cărui prezență îmi face rău,* o persoană care nu vrea și nu este dispusă să accepte ajutorul meu ca să se schimbe, ca să-și îmbunătățească un anumit aspect din viață, o persoană cu care, deși face parte din viața mea, nu reușesc să fiu deloc pe aceeași frecvență. Mă contrazice tot timpul, nu este niciodată de acord cu mine, ține să-mi spună mereu cât de problematic sunt eu, că toate problemele sunt la mine. Este o persoană nemulțumită de tot ce se întâmplă în jurul ei. În general, poate fi un om care a acumulat foarte multă ură la nivel energetic și îi urăște pe ceilalți. Ura este o boală, iar la nivel energetic ea se manifestă printr-o stare de toxicitate. O persoană toxică pentru noi este oricare om a cărui frecvență vibrațională nu este compatibilă cu a noastră. Eu pot să întâlnesc o persoană care este toxică pentru că are un comportament negativ, este agresivă, îi abuzează emoțional pe ceilalți și are o părere foarte bună despre ea și una foarte proastă despre ceilalți. În același timp, pot să întâlnesc o persoană care să fie toxică prin faptul că, la nivel energetic, ea nu îmi oferă ceea ce am nevoie. Cum ne dăm seama că un om este toxic? Foarte simplu. Starea pe care o ai lângă un om îți spune instantaneu dacă persoana în cauză este potrivită sau nu pentru tine. De exemplu, când primim un mesaj pe WhatsApp, pe telefon sau pe Facebook de la cineva și simțim în plexul solar o anumită stare sau avem pur și simplu o apăsare și ne gândim: *Iarăși trebuie să vorbesc cu persoana aia.*

Acea stare este semnalul pe care îl primești de la corpul tău energetic dacă cineva e sau nu compatibil cu tine. Persoanele toxice nu sunt doar străini. Nu sunt doar oameni cu care nu avem o legătură de rudenie. De foarte multe ori, avem oameni toxici în sânul propriei familii. De foarte multe ori, aceștia sunt cei mai agresivi abuzatori emoționali și spirituali pe care-i putem întâlni și care ne pot schimba viața în mod radical. Una este să primesc o stare de dispreț, de ironie, de ură din partea unui om din afară și altfel mă raportez la mine în momentul în care primesc această stare de la un om din familia mea. De ce? Pentru că acolo, în familie, eu am un punct de referință, de vulnerabilitate și încredere deplină. Eu, la nivel energetic și emoțional, sunt legat de familia mea. De aceea, este crucial pentru sănătatea mea mentală și emoțională să identific acești oameni toxici, chiar în sânul propriei familii. Iubirea nu trebuie să fie oarbă când vine vorba despre sănătatea noastră mentală și emoțională, care reprezintă și suma tuturor oamenilor pe care din viața noastră, suma tuturor gândurilor, a tuturor emoțiilor noastre. În momentul în care am în viața mea un părinte care m-a abuzat și când eram copil, și acum, de când am devenit adult, trebuie să-l văd pe acel părinte, ajung să retrăiesc la nivel energetic și emoțional toată trauma pe care mi-a cauzat-o. Copilul meu interior suferă în continuare, chiar dacă acum sunt adult, am propria mea familie și știu că nu mă mai poate agresa verbal, emoțional sau fizic. Copilul meu interior răspunde stimulilor părintelui adult exact așa cum o făcea atunci când eram mic.

Se poate ca părintele toxic să fie o persoană pe care o admir, o persoană pe care am divinizat-o în copilărie, iar acum, ca adult, îmi dau seama că ceea ce face nu este OK. Rolul de părinte este un rol pe care un om îl îndeplinește în funcție de cât de autentic este el față de copilul său.

Ești părinte atât cât îți iubești copilul, atât cât îl sprijini și atât cât te porți ca un părinte. Atunci când nu îți iubești copilul și ești abuziv față de copilul tău, renunți la dreptul de părinte. Prin urmare, acel copil nu mai are de ce să te asculte, pentru că tu, din părinte treci la rolul de abuzator. De aceea, argumentul *Este mama mea, este tatăl meu, eu nu am cum să renunț vreodată la această conexiune, pentru că așa a fost scris* nu este suficient de puternic. Niciodată nimeni nu poate decide în locul tău ce e bine pentru tine și orice abuz, din partea oricui ar veni, trebuie semnalat. Este foarte important ca tu, la rândul tău, să nu te transformi într-un abuzator din cauză că ai fost abuzat.

Dacă părintele tău te-a abuzat, tu nu trebuie acum, ca adult, să zici: *O să-ți arăt eu ție, să vezi ce mi-ai făcut mie,* deoarece, tot la nivel energetic, nu scapi de traumă în niciun fel și o perpetuezi prin propriul comportament. De aceea, identificarea părintelui toxic sau a unei persoane toxice din viața ta, care îți face rău, trebuie să se facă cu iertare, cu acceptare și cu îndepărtarea emoțională față de persoana în cauză. Chiar dacă stai în aceeași casă cu ea, trebuie să lucrezi asupra singurei persoane care poate genera schimbare în viața ta: tu însuți/însăți. În momentul în care atenția ta, grija ta, iubirea ta și așteptările tale sunt îndreptate către tine și nu către părintele tău, atunci tu reușești, la nivel emoțional, să tai acest cordon ombilical care-ți hrănește niște așteptări nerealiste. De foarte multe ori avem tendința de a spune: *Chiar dacă s-a purtat urât cu mine, pentru că este părintele meu, pentru că e mama mea sau tatăl meu, se va schimba.*

Faptul că își îndeplinește rolul de părinte nu reprezintă nicio garanție a faptului că se va schimba. Acel părinte, dacă la rândul lui fost un copil traumatizat și a avut niște frici, niște traume nevindecate, acum, în acest moment în viața lui, este același copil interior traumatizat, nevindecat. Dacă nu a avut și nu are disponibilitatea să se vindece, va continua să fie o persoană toxică, iar tu vei continua să primești același tratament abuziv.

Mai există o problemă foarte delicată, cu persoane care spun: *Eu nu sunt pe aceeași lungime de undă cu copilul meu. Eu simt că acest copil al meu este o persoană toxică.* Așa cum un părinte poate fi toxic pentru copilul său, și un copil poate fi toxic pentru părintele lui. Cum e posibil? Avem aceste roluri foarte bine bătute în cuie (tatăl tău, mama ta, copilul meu), iar atunci când spui că cineva îți face rău intenționat, oamenii pot spune că ți se pare, că tu ai o problemă. Ideea este următoarea: în viață, fiecare dintre noi suntem suflete libere independente, avem o experiență umană unică, indiferent dacă am crescut în aceeași casă, cu aceiași oameni care au avut aceeași experiență ca noi. Fiecare dintre noi, în funcție de ceea ce sufletul nostru a acumulat și în funcție de ceea ce noi avem înmagazinat la nivel energetic, experimentează diferit aceeași conjunctură. Chiar dacă spunem că această realitate este aceeași pentru toți, o trăim complet diferit. Cum se închide orice ciclu karmic extrem de dureros? Cu iertare și cu iubire. Acesta este și motivul pentru care ne aflăm în această întrupare cu acești oameni diferiți de noi, în această viață. Această iertare și această iubire nu sunt ușor de obținut, pentru că eu trebuie să ard multe etape ca să ajung la iertarea și la iubirea față de o persoană care îmi face rău. Cel mai important este că, în această existență, dacă sufletul meu are de încheiat un ciclu karmic cu un anumit suflet care în viața asta e copilul meu sau părintele meu, eu în permanență aleg cum anume voi gestiona raportul și relația noastră și cum anume voi gestiona aceste lecții karmice pe care este foarte clar că le avem de învățat, din moment ce ne aflăm aici, împreună.

Este foarte clar că fiecare om din familia mea, oricât de mult bine și oricât de mult rău îmi face, este un factor crucial în dezvoltarea mea spirituală, fără de care eu nu pot să fiu. De aceea, în momentul în care înțeleg că am câte ceva de învăţat de la toţi aceşti oameni care sunt în familia mea, trebuie să iau toată această informaţie şi să văd ce fac cu ea. Pot să-mi închid un ciclu karmic şi pot să-mi îndeplinesc misiunea faţă de persoana respectivă şi fără să mă consum emoţional, şi fără să am nişte aşteptări de la ea. Dacă înţeleg şi văd că o persoană pe care o iubesc, o persoană foarte apropiată de mine, cum ar fi copilul meu, părintele, fratele sau sora mea îmi arată că noi suntem pe frecvenţe vibraţionale diferite şi că gândim şi simţim diferit, nu înseamnă că trebuie să rup orice conexiune şi să ne urâm sau să nu ne mai vorbim.

Înseamnă că pur şi simplu îmi voi căuta surse de iubire şi de energie în alte persoane care, chiar dacă nu reprezintă familia mea biologică, sunt parte din familia mea spirituală. În această întrupare, noi avem de experimentat întâlniri cu tipologii emoţionale care nu fac parte din familia noastră de suflete. Aceste suflete au o compoziţie vibraţională, emoţională, energetică total diferită de a noastră. De aceea, în sânul unei familii putem să găsim persoane care sunt total la polul opus în gândire, în manifestare, în ceea ce se întâmplă în viaţa lor. Aceşti oameni complet opuşi vin să înveţe unii de la ceilalţi, pentru că de aici se naşte complementaritatea. Dacă ne ghidăm după ceea ce afirmă fizica cuantică (tot ce este în această lume poate să fie unit şi unificat sub această teorie – că totul este conştiinţă manifestată în planul fizic şi manifestată de către o fiinţă umană întrupată), atunci eu trebuie să ajung la nivelul la care reuşesc să identific în celălalt aspectele care mă deranjează la el şi să le vindec chiar la mine însumi. Însă trebuie să fac o diferență foarte clară între a mă oglindi în celălalt, a vedea care sunt aspectele umbrei mele și a accepta o formă de abuz pentru faptul că eu consider că nu pot face nimic și că așa a fost hărăzit (ca eu să suport rele tratamente din partea acestei persoane). Poate că a fost „sortit" (în sensul că sufletul meu a ales întâlnirea cu acel suflet din familia mea în această viață, în această întrupare, pentru că aveam nevoie de ea și aveam nevoie să închidem un capitol), însă, în același timp, eu decid prin liberul arbitru ce anume accesez și cum anume pun în practică ce este „hărăzit". Poate că eu și persoana toxică din familia mea am fost puși în această viață în sânul aceleiași familii, dar eu decid, în această existență, cu datele pe care eu le am acum la îndemână, ce anume voi face cu această întâlnire: dacă această întâlnire va fi în continuare un abuz, așa cum a fost în alte întrupări, dacă persoana în cauză va continua să-mi provoace un rău sau dacă, din contra, acest abuz se va opri. Abuzul nu se oprește dacă eu încerc să mă răzbun, să fiu răutăcios sau dacă încerc să demonstrez ceva cuiva. Ca să pot scăpa dintr-o relație abuzivă, eu am nevoie de compasiune și de răbdare față de mine însumi, dar și față de abuzatorul meu. Eu trebuie să înțeleg că, dacă cineva este în această etapă a vieții lui, în această etapă de evoluție, dacă el este un factor de durere, de boală și de tristețe pentru mine, nu este treaba nimănui să-l scoată pe acest om din viața mea, ci este treaba mea.

Nu pot să mă plâng vreodată de cineva din viața mea și doar să afirm că această persoană mă abuzează. Dacă am identificat acest abuz, eu sunt singura persoană care poate să facă ceva: totul se întâmplă tocmai pentru că în subconștient se află o rană care trebuie adusă la suprafață și care cere vindecarea.

Această ciocnire în planul fizic între personalitățile diferite, între stările noastre poate fi uneori extrem de agresivă. Te poți trezi c-ai muncit și te-ai sacrificat toată viața pentru copilul tău, iar acest copil nu te mai cunoaște la sfârșit, ba chiar îți spune că nu el te-a pus să te sacrifici pentru el, că a fost alegerea ta, ca părinte.

Atunci aceste lucruri nu sunt niște simple întâmplări. Ele sunt niște praguri pe care sufletul nostru le are de trecut în această întrupare și sunt niște teste care arată cine sunt eu în această etapă din viața mea, când anume și cât de mult m-am descoperit pe mine însumi, astfel încât să spun NU lucrurilor și oamenilor care îmi provoacă o stare de tristețe. În momentul în care constat că există o persoană toxică în familia mea – indiferent dacă este rudă de gradul unu, sau soacra mea, socrul meu, verișorul, nepotul –, este imperios necesar să văd cum anume pot să interacționez cu această persoană fără să-mi facă rău continuu. Dacă am tendința de a intra în conflict cu această persoană, de a lămuri ceva, de a-i demonstra că eu sunt un om bun sau că merit atenția ei, dacă pun în aplicare orice act demonstrativ care implică un contact direct și repetitiv cu persoana respectivă, trebuie să știu că îmi va provoca aceeași stare de rău pe care mi-a provocat-o și în trecut. De aceea, este de datoria mea ca, în momentul în care identific faptul că interacțiunea cu un om îmi face rău, să încerc să mă limitez pe cât posibil, să nu îi spun acestei persoane secretele mele, trăirile mele, ceea ce mă frământă și să nu mă mai comport ca și cum acest om este un sprijin pentru mine.

În momentul în care înțeleg, las orgoliul deoparte și accept în profunzime că o persoană nu este compatibilă cu mine, că nu-i place de mine și că pur și simplu mă antipatizează, raportul meu față de ea se schimbă. Eu pot continua să comunic la fel, dar relația noastră poate să se îmbunătățească semnificativ, pentru că nu mai este o relație de profunzime în care eu încerc să fac lucrurile să meargă, ci este o relație de politețe. Asta nu înseamnă că mă prefac, ci înseamnă că sunt la un nivel de maturitate emoțională care îmi permite să selectez cine are acces la sufletul meu, la gândurile mele, la viața mea și cine nu are acces la toate aceste lucruri care sunt sacre pentru mine, care îmi definesc viața. Viața mea este această întâlnire pe care eu o am cu toți acești oameni. În primă etapă am nevoie să văd cât anume interacționez cu această persoană toxică și, cel mai important, să văd și cât anume hrănesc eu însumi din această toxicitate. Se poate să fiu într-o postură în care cerșesc atenție și afecțiune, iar ceilalți să vină și să profite de faptul că eu sunt vulnerabil, pentru a avea un anumit nivel de autoritate asupra mea.

În al doilea rând, persoanele toxice se hrănesc cu energia noastră. O persoană toxică mă atacă întotdeauna din punct de vedere energetic și emoțional exact cu ceea ce eu îi pun la îndemână. Cât îi dau eu unui om toxic, exact atât va folosi el împotriva mea. Când o persoană toxică nu mai are combustibil cu care să hrănească ceea ce manifestă față de mine (energia mea), atunci această relație nu va mai putea să-mi facă rău. Dar ca să ajung în acest punct, eu am nevoie să am o relație cu mine însumi suficient de bună, astfel încât să nu mă mai simt lezat sau ofensat când un om toxic vrea să mă atace sau să-mi provoace suferință. Trebuie să înțeleg că în această viață fiecare persoană, chiar dacă este o persoană foarte apropiată de mine, are liberul arbitru de a alege cine anume rămâne în viața ei. Dacă o persoană toxică nu mă vrea în viața ei, deși noi suntem foarte apropiați, atunci am de făcut un pas în spate, oricât este de greu și oricât mi-ar spune mintea că acest lucru nu este normal și că înseamnă trădare. Singura trădare de care poți da dovadă față de cineva este ca acea persoană să-ți încredințeze niște lucruri bune și să aibă încredere în tine, iar tu să te comporți total diferit față de ceea ce ai primit și promis. Dar dacă te afli într-o situație în care ești abuzat, în care nu ești în siguranță și decizi să ieși din acea situație, nu înseamnă că trădezi pe cineva. Atât timp cât o persoană din familia ta, care are rolul de tată, de bunic, de bunică, de părinte, de soră, de frate nu semnează în „fișa postului" compasiunea, iubirea, grija, respectul față de tine, nici tu nu ai de ce să o consideri parte din familia ta. Familie sunt formater din acei oameni care-ți arată în fiecare moment că se bucură să fie acolo, indiferent dacă tu ești la pământ, dacă ești fericit, pe moarte, despărțit, dacă depinzi financiar de ei sau dacă ești disperat. Familie înseamnă acei oameni care te aleg în fiecare zi pe tine necondiționat, independent și indiferent de ceea ce faci, pentru că te iubesc. În momentul în care nu există iubire, eu nu am cum să comunic la nivel vibrațional și emoțional cu cineva, chiar dacă această persoană **îndeplinește** rolul de rudă a mea. S-ar putea ca în viața mea să mă întâlnesc cu tipologii emoționale ale unor oameni cu care nu am nicio legătură de rudenie, dar care sunt pe aceeași frecvență cu mine, care la nivel emoțional și mental mă văd, mă aud, și mă percep. De aceea, trebuie să-mi fac o familie formată din oamenii care mă vor în viața lor.

Tendința de a ne agăța de oameni care nu ne vor ne aduce foarte multă durere: un om fie mă vrea în viața lui, și îmi arată asta prin tot ceea ce face față de mine, fie nu mă vrea, iar eu am să știu lucrul ăsta. Dacă reușesc să-mi dau seama la timp, pot să mă salvez și pe mine, și pot să îmi dau și șansa să fiu lângă oameni care se bucură de prezența mea. Într-o relație toxică cu un membru al familiei, mă simt întotdeauna nesigur: niciodată nu am încredere în mine, mă gândesc permanent cum aș putea să intru în grațiile acelei persoane. Asta nu se întâmplă într-o relație de iubire, unde, la nivel vibrațional, primesc această informație tot timpul (că sunt iubit, că sunt în siguranță, că am parte de tot ce-mi trebuie ca relația noastră să funcționeze). O persoană toxică din sânul propriei familii poate să mă distrugă emoțional și mental, pentru că, neidentificată la timp, ea îmi produce daune foarte mari în ceea ce privește încrederea în mine însumi/însămi. Se poate să ajung în punctul în care mă văd exclusiv prin ochii persoanei toxice, și nu prin ochii a ceea ce eu sunt și a ceea ce eu fac. Astfel, ajung să cred că părerea acelui om despre mine echivalează cu cine sunt eu de fapt, ceea ce, pe termen lung, îmi erodează relațiile cu ceilalți și mă aduce în stadiul în care într-adevăr ajung să am o problemă, pentru că eu îmi imaginez că asta este normalitatea.

O persoană toxică este și o persoană care creează această stare de dependență emoțională și de nemulțumire continuă. Un om toxic nu este mulțumit niciodată de nimic din ceea ce fac. Se poate ca această nemulțumire să fie deghizată într-un soi de narcisism pasiv-agresiv, în care mi se zâmbește frumos, mi se spune că nu sunt în stare de nimic, că nu sunt suficient și că nu contează nimic din ce fac. De aceea, din momentul în care-mi dau seama că cineva din familia mea este toxic pentru mine, devin responsabil pentru mine și pentru viața mea, nu mă mai pot comporta ca și când nu știu că sunt abuzat. Dacă eu am de gând să o iau de la capăt și vreau să fiu bine, trebuie să știu că viața mea este rezultatul oamenilor din imediata mea apropiere, în proporție de 70-80 de procente. Acești oameni lângă care eu stau, cu care eu interacționez zi de zi, sunt oameni care la nivel mental și emoțional mă formează. Așa cum un copil se duce la școală în fiecare zi și își face temele și mai încheie un ciclu de învățământ, așa și eu, în fiecare zi, primesc ghidaj, energie și informații de la oamenii din viața mea.

Dacă identific în familia mea oameni toxici, această constatare trebuie să mă aducă într-un punct în care eu iau măsuri: fie mă îndepărtez la nivel fizic (plec de lângă persoana toxică), fie mă îndepărtez emoțional (dacă nu mă pot îndepărta fizic): nu mai am așteptări că această persoană toxică se va schimba, nu mai trimit energie, iubire și gânduri într-o cantitate care mă face să depind de acea persoană. Pot să o iubesc în continuare, dar să fiu în același timp conștient de faptul că acel om nu se va schimba, că nu poate să se schimbe și că atât cât mi-a oferit până acum este exact ce poate el să ofere și ce poate să fie.

În unele cazuri, oamenii toxici din sânul propriei noastre familii nu sunt neapărat niște oameni malefici sau care vor să facă rău. Este foarte posibil să fie niște oameni toxici chiar pentru ei înșiși, dar eu, în calitatea mea de ființă umană liberă și independentă, nu sunt obligat să stau și să fiu abuzat emoțional și spiritual constant în numele unei relații de rudenie. O relație există atât timp cât ambii participă din punct de vedere energetic și emoțional. Când unul dintre participanți a încetat să emită o formă de energie, o formă de iubire, acea relație nu mai există; este o relație de conveniență, o relație de aparență, dar în esență nu se mai întâmplă niciun schimb la nivel vibrațional, singurul lucru care contează, de altfel. Într-o relație toxică, eu primesc continuu o cantitate de energie negativă care mă îmbolnăvește emoțional, care mă face să îmi pierd încrederea în mine și mă face să cred că nu merit iubirea celorlalți. O relație toxică cu un membru al familiei mele și influența pe care această persoană o are asupra mea are drept rezultat la nivel energetic normalizarea comportamentului toxic, ajungând să caut doar oameni toxici, care corespund modelului energetic și emoțional pe care părintele toxic (sau fratele, sora, bunicul toxic) l-a adus în viața mea. Acesta reprezintă în fapt cel mai mare pericol. În momentul în care eu mă iau după o persoană toxică și ajung să o văd ca pe un reper în viața mea, ceea ce este normal (să primesc respect, afecțiune și iubire) mi se pare ceva total necunoscut. Un adult care are drept model comportamental o persoană toxică nu este capabil să facă nimic cu această iubire și grijă, ajunge să-și pună niște bariere emoționale foarte mari, astfel încât nimeni nu se mai poate apropia de el. Pentru aceste persoane este dificil să-și găsească un partener potrivit, pentru că „potriveala" pe care o caută este de fapt cu energia toxică, singura pe care o pot identifica și întreține în viața lor. Vrei să fii cu cineva ca tine, dar dacă tu ești toxic, va fi aproape imposibil să cauți ceva „curat", pur, care să fie pe o frecvență de iubire și acceptare. Acest lucru li se întâmplă multor oameni care stau într-o energie toxică în sânul propriei familii, și care apoi vor să aibă parte de lucruri care sunt pe o frecvență vibrațională de iubire, de acceptare, de creștere, iar lucrurile acelea nu se întâmplă, pentru că ei manifestă în viața lor tot timpul ceea ce „conțin" emoțional și energetic. Într-adevăr, familia mea are un rol foarte important în ceea ce se întâmplă în viața mea. Dacă ceea ce primesc de la ea din punct de vedere emoțional este: înverșunare, neglijență, indiferență, supărare, ajung să manifest aceste lucruri în viața mea, indiferent că eu sunt sau nu de acord cu ele. Trebuie să fiu conștient că mediul în care trăiesc este o bună parte din ceea ce voi deveni. Acest proces de devenire și de creștere spirituală în care suntem angajați cu toții de-a lungul vieții, indiferent dacă ne considerăm sau nu spirituali, este alimentat și influențat permanent de corpurile energetice ale persoanelor cu care ne înconjurăm. În momentul în care identific o persoană toxică în familia mea, trebuie să iau niște măsuri care să mă ajute să relaționez în continuare cu această persoană, dar la un nivel la care ea nu mai îmi pune în pericol corpul energetic. Mai exact, pot încerca să fiu de acord cu ce crede și ce spune, dar acest lucru nu trebuie să ducă la un conflict. Pot încerca să nu-i mai schimb opinia, să nu mai aduc o schimbare forțată în viața ei, ci să văd doar unde îmi este permis și dacă îmi este permis să intervin. În momentul în care realizez că nu-mi este permis să intervin, trebuie să mă retrag și toată energia pe care am investit-o în această persoană să o duc în altă parte. Legea compensației, la fel ca legea atracției, se aplică în toate aspectele vieții noastre: dacă acum sau în trecut am avut în familie un om toxic care m-a făcut să sufăr și mi-a provocat foarte mult rău, există la nivel energetic și vibrațional corespondentul acestui om toxic, pe care l-am întâlnit sau urmează să îl întâlnesc și care este exact la polul opus. Această persoană va fi „corespondentul“ energetic și emoțional a „datoriei“ pe care omul toxic o avea de „achitat“, și toată cantitatea de energie, de iubire și de atenție pe care am așteptat-o de la persoana toxică.

Este important ca eu să nu devin la rândul meu un om toxic, pentru a putea să-i identific pe acei oameni care vin cu iubire și ajutor către mine.

În momentul în care eu îmi conștientizez în profunzime propria identitate emoțională și spirituală, știu exact cine sunt și de ce am nevoie, pot identifica oamenii care sunt pe frecvența mea și care îmi fac bine. Un om fie îmi face bine, fie îmi face rău. În interacțiunea cu fiecare om, rezultatul este fie unul pozitiv, fie unul negativ. În momentul în care eu la nivel energetic acumulez o cantitate de energie negativă din ceea ce această persoană toxică emite către mine, este necesar să găsesc modalități de a mă elibera de această energie: printr-o terapie holistică, prin meditație, prin rugăciune, perin sport, prin conectarea cu o altă persoană, prin conectarea la nivel energetic și vibrațional cu o altă activitate. Trebuie să fiu atent și să nu mă las cumva furat de peisaj și asimilat de energia persoanei toxice, pe principiul că este o persoană apropiată de mine, că avem o legătură de rudenie și că nu pot să intervin pentru că „este păcat". Este des întâlnită ideea că trebuie să rămân acolo și să suport orice, pentru că „așa a fost să fie".

În expresia „așa a fost să fie", eu sunt primul corespondent al verbului *a fi,* iar în acest caz eu sunt frica asociată cu un verdict care nu poate fi schimbat și a cărui îndeplinire este soarta mea. Așadar, dacă *eu sunt,* trebuie să văd dacă nu cumva eu sunt acel „așa a fost să fie", dacă nu cumva eu sunt persoana care generează ceea ce este, prin tot ceea ce fac, prin tot ceea ce observ. Eu îmi creez realitatea în permanență în momentul în care observ. Așadar, nu are cum să fie un păcat să am grijă de ceea ce Divinitatea mi-a încredințează în această viață: viața mea. Nu are cum să fie un păcat să mă eliberez de lucrurile care îmi fac rău. Însă este un păcat să stai și să îți bați joc de tine și să te consideri mai puțin important, mai puțin vrednic decât un om toxic. El „are voie" să te abuzeze, dar tu „nu ai voie" să pleci din abuz, pentru că nu conștientizezi cât de important ești, atât pentru tine, cât și pentru ceilalți. Acea persoană toxică căreia tu nu-i mai dai material ca să atace și să-și poată exercita rolul de abuzator poate fi salvată de faptul că tu pui piciorul în prag. Ea poate chiar să primească un semnal de alarmă prin faptul că tu nu mai ești dispus să primești tratamentul crud și abuziv. Atât timp cât suntem responsabili pentru tot ceea ce ni se întâmplă în această viață, putem să avem pretenția ca ceea ce ni se întâmplă să fie într-un anumit fel. Dar, atunci când responsabilitatea este pasată altor persoane, indiferent cât de apropiate sunt de noi din punct de vedere al gradului de rudenie sau al proximității emoționale, nu ne putem aștepta să ni se întâmple lucrurile bune pe care ni le dorim. Este de datoria mea să evaluez și reevaluez cum mă afectează fiecare relație din viața mea cu fiecare persoană în parte.

În momentul în care conștientizez că cineva din familia mea este toxic pentru mine, pot să fac ceva cu această conștientizare. Se poate să primesc un tratament toxic mulți ani la rând, dar eu să nu văd și să nu conștientizez acest lucru, și la un moment dat să spun că nu mai pot. Ce s-a întâmplat în acel moment, și nu în altul? Ce anume s-a declanșat? S-a declanșat procesul de conștientizare, iar acesta a fost declanșat la rândul său de faptul că noi atunci am încheiat un ciclu emoțional. Cum știi când s-a încheiat o relaţie karmică? Simţi, pur şi simplu; când s-a încheiat o relaţie karmică, te poţi ridica şi poţi pleca şi poţi să continui viaţa fără acea persoană.

Faptul că încă simţi nevoia ca acel om care îţi face rău să fie în viaţa ta este o dependenţă emoţională care are la bază mai multe stringuri energetice.

Cauza este cea de urmărit, de descoperit este motivul pentru care stau încă lângă o persoană despre care sunt conştient că mă abuzează emoţional şi spiritual.

A doua cea mai mare provocare în cazul unui abuz emoţional, mai ales când e vorba de un abuz emoţional în sânul propriei familii este identificarea lui. Mulţi oameni spun că nu ajută cu nimic doar să ne dăm seama că suntem abuzaţi şi că trebuie să facem ceva practic. De fapt, în momentul în care ai conştientizat orice în profunzime, eşti transformat fundamental. Ceea ce noi numim revelaţie este procesul de conştientizare. Ajungem la acest proces de conştientizare în etape diferite din viaţa noastră şi învăţăm să ne trăim pe noi înşine total diferit. Chiar dacă viaţa mea are aceleaşi elemente pe care le-a avut acum o lună, două, trei, eu nu mai sunt acelaşi. Eu operez cu totul şi cu totul în altă stare, cu alte emoţii, cu alte trăiri şi de aceea am nevoie şi să-mi evaluez toate relaţiile. Poate persoana din familia mea care acum trei ani nu era toxică pentru mine, la nivelul meu de conştientizare de atunci, acum, în acest moment, este toxică pentru mine. De foarte multe ori creştem emoţional şi vibraţional diferit faţă de oamenii cu care pornim împreună pe drumul vieţii.

În momentul în care eu am puterea să mă îndepărtez și să mă desprind dintr-o situație care îmi face rău, exact în acel moment se declanșează acel ceva care îmi face bine, care poate să vină către mine, să mă găsească și are unde să se așeze. Această conștientizare este una care valorează mai mult decât orice sfat sau experiență relatată de altcineva. Conștientizările acestea legate de cine suntem noi, de ce anume ne face bine, de ce anume are nevoie sufletul nostru reprezintă o transformare care, din punct de vedere vibrațional și energetic, poate să însemne mult mai mult decât zeci de ani trăiți în lipsa conștientizării.

Fiecare gest al lor, fiecare gând, fiecare stare care există în viața ta îți arată dacă nu cumva ești mai singur lângă acei oameni toxici decât dacă nu ai fi lângă ei. Cea mai grea și cea mai dureroasă singurătate este singurătatea în doi.

În momentul în care eu la nivel energetic și vibrațional nu primesc ceea ce reprezintă suma nevoilor mele emoționale, dar în viața mea există niște „marionete" care pretind că îmi oferă ceva, atunci eu într-adevăr sunt în pericol. Pericolul nu este când ești singur, autentic și în adevăr cu tine, ci când te prefaci că ești bine, când cei din jurul tău se prefac și îți zâmbesc frumos, dar de fapt nu simt nimic față de tine. Tot ceea ce noi experimentăm în această viață și motivul pentru care experimentăm această viață este conștiința noastră, ceea ce sufletul își ia de aici, din această întrupare. Ori, dacă eu nu-i dau sufletului vibrație adevărată, el are parte de zâmbetul fals pe care mi-l dă cineva sau de bătaia pe umăr cu semnificația: *O să fie bine, stai liniştit,* deşi ştii că omul acela nu face nimic ca să-ţi fie bine. Această autenticitate nu este o nebunie, un lux ori o fiţă a spiritualităţii, ci este singurul mod prin care poţi să trăieşti. Dacă nu stai în adevăr, nu ai cum să fii bine şi vei experimenta stări de depresie, de anxietate, nu mai poţi să dormi noaptea, nu ţi se mai întâmplă ceea ce îţi doreşti, ci se întâmplă doar nenorociri. Aceste lucruri au drept cauză, printre altele, oamenii toxici care stau lângă noi. Dacă corpul meu energetic care cere iubire nu primeşte iubire nici azi, nici mâine, nici poimâine, dar i se simulează că primeşte iubire, iar drumul altor oameni care cred în puterea iubirii este oprit de cei care se prefac, atunci eu ajung să fiu într-o stare de confuzie totală; ajung să fiu un spectator în propria mea viaţă. De câte ori eu ies de pe scenă şi nu mai sunt protagonist în viaţa mea, piesa nu se mai joacă. Pot fi spectator în viaţa mea, dar după ce mă asigur că rămân şi protagonist. Dacă sunt doar spectator, atunci am o problemă, sunt într-o stare în care spun: *Eu am familie.* A avea familie înseamnă să ai în jurul tău oameni al căror corp energetic emite către tine frecvenţa adevărată. Tu poţi să ai familie în acest moment cu un om cu care ai vorbit pe Facebook trei zile la rând sau două ore, şi frecvenţa lui vibraţională să fie mult mai autentică decât ceea ce a emis faţă de tine părintele tău sau o rudă apropiată toată viaţa lui. Acest lucru se întâmplă pentru că există oameni cu care reuşim să ne înţelegem fără să ne spunem niciun cuvânt, care ne privesc din profunzimea fiinţei lor, care reuşesc să ne audă sufletul.

Dar există și oameni care nu sunt pe frecvența noastră, iar în momentul în care eu identific propria mea frecvență în viața asta, pot să identific și frecvențele diferite ale celorlalți, precum și modul în care mă afectează acestea.

De fapt, aici este marea schimbare și marea transformare: când eu îmi dau voie să fiu autorul propriei mele vieți și încep să îmi aduc în viața mea oameni care chiar sunt o bucurie pentru mine și care se bucură să fie acolo. Dacă un om nu se bucură și nu vrea să fie în viața ta, o să simți asta. Tot ceea ce o să întâmple între voi, toată interacțiunea voastră va fi una care o să vă dea bătăi de cap, va fi dureroasă și o să fie un o stare de nefiresc. Aceasta este starea pe care o ai lângă un om toxic: simți că ceva nu este în regulă. Chiar dacă ne cunoaștem de când m-am născut, chiar dacă este o persoană foarte apropiată, ceva va fi mereu problematic și dureros în interacțiunea noastră. În această existență, contează să îmi placă viața mea: nu pot să fiu bine cu mine în acest moment, și să mă plictisesc, să îmi fie frică, să îmi fie scârbă de mine. Dacă toate lucrurile astea se întâmplă, ele sunt un semnal de alarmă că undeva m-am abandonat. În momentul în care eu mă conectez în profunzime cu cine sunt și ajung să văd exact unde sunt, pot să am acces la lucrurile care sunt menite să mi se întâmple și care îmi aduc bucurie, dar care trebuie să aibă din partea mea acceptul meu ca să vină în viața mea.

Faptul că există în viața noastră o persoană sau mai multe care sunt toxice nu înseamnă că ceva e în neregulă cu noi sau cu acei oameni, sau că trebuie să ne fie rușine.

Înseamnă că suntem în etape diferite din viața noastră, și de aceea trebuie să ne detașăm, în loc să ne prefacem că lucrurile sunt în regulă ori să ne mulțumim că: „așa a fost să fie“.

4

Cum îmi dau seama ce simte cu adevărat un om față de mine?

Un subiect extrem de important care apare când ne referim la orice tip de relație pe care o avem cu absolut oricine (fie că vorbim despre un partener, despre o rudă sau despre un prieten) este: *„Cum ne dăm seama ce simte cu adevărat un om față de noi?“* Această întrebare este foarte importantă, pentru că un om poate să creadă despre noi niște lucruri diferite de ceea ce simte. Este important ce simte cu adevărat cineva, pentru că de multe ori ce simte el nu are legătură cu ce simțim noi, dar îi determină comportamentul, așteptările legate de noi, lipsa de iubire sau, din contra, faptul că ne tratează cu extrem de multă iubire și grijă.

Când vorbim despre a simți ceva față de un om, ne putem pierde în foarte multe alte stări care nu au legătură cu iubirea. Un bărbat poate simți față de o femeie atracție sexuală, fascinație, admirație sau prietenie. Însă toate aceste concepte nu au legătură cu iubirea, deoarece tot ce nu înseamnă iubire vine la pachet cu o serie de așteptări, de condiționări și de atașamente extrem de dureroase. Altfel spus, atunci când nu iubesc pe cineva, tot ce se întâmplă între noi este condiționat de ceea ce eu mă aștept să primesc în relația respectivă. Când iubești și ești îndrăgostit, anumite aspecte care țin strict de rațiune te pot face să pierzi busola realității și să ajungi într-un punct în care nu mai știi cine ești. În acel moment, oferi totul din iubire, faci totul cu iubire și nu mai poți să delimitezi cine ești tu și cine este celălalt. Însă în majoritatea cazurilor, când este reciprocă și atunci când este administrată într-o doză corespunzătoare din ambele părți, iubirea devine motivul pentru care doi oameni pot să rămână într-o relație pe o perioadă lungă de timp fără să fie chinuiți de bagajul emoțional, de așteptările lor, de lucrurile pe care le obțin sau nu de la o relație. Suntem în secolul XXI și în unele situații ajungem să înțelegem că relația a devenit un fel de obligație contractuală, un soi de etichetare: ești singur sau într-o relație; ești căsătorit sau ești divorțat. Acești oameni nu se află acolo pentru că sufletul lor le spune, ci pentru că au o traumă și vor să fie cu cineva, ca să nu își confrunte trauma.

Vorbim despre adulți care nu vor să fie singuri și care trag de o relație cu un partener cu care nu au lucruri în comun, dar se află în acel parteneriat doar pentru că le este frică de singurătate.

Toate lucrurile bune din viaţa noastră au legătură cu iubirea, pentru că atunci când vorbim despre iubire, vorbim despre o comunicare de la nivelul de conştientizare al sufletului meu, care mă ajută să cresc permanent. *Ce simte cu adevărat un om pentru mine* se referă la felul în care mă percepe el, ca emoţie, conştiinţă şi trăire şi, mai important, la felul în care acest om se raportează la mine.

Este posibil ca cineva să mă placă sau să vrea să fie cu mine, dar nu poate, pentru că fie îi este teamă, e traumatizat, e timid, sau e deja într-o altă relaţie. În momentul în care un om simte ceva adevărat pentru tine, nimeni şi nimic de ordin fizic sau imaterial nu-i poate sta în cale să-ţi arate acest lucru.

Dar în momentul în care eu am aşteptări şi condiţionări şi îmi doresc ca un om să simtă ceva pentru mine (pentru că şi eu simt pentru el), ajung să trec prin mai multe etape.

Dacă nu primesc înapoi ceea ce îmi doresc, prima etapă este cea de **negare**. Îmi spun că omul respectiv nu are cum să nu mă iubească, nu are cum să nu mă vrea, pentru că eu consider că suntem potriviţi, pentru că eu am nişte aşteptări, pentru că eu îmi doresc să fiu cu el. Negarea este de fapt activarea orgoliului meu, care de multe ori poate să-mi spună: *Tu eşti mult mai bun mult, arăţi mai bine, eşti mult mai bogat, mult mai inteligent decât omul ăsta pe care îl placi. N-are cum să nu te placă şi el.*

Acest raţionament nu funcţionează, pentru că un om poate fi cu mult în urma mea din absolut orice punct de vedere, dar, cu toate acestea, să nu mă placă, să nu fie atras de mine, să nu vrea să-şi petreacă timpul cu mine.

În acele momente este esențial pentru mine să înțeleg realitatea. Sigur că s-ar putea să n-o înțeleg și să-i găsesc o scuză.

După negare, urmează etapa de **justificare**, în care eu spun că acest om nu poate să mă placă așa cum mi-aș dori, nu se exprimă, nu face pași către mine, nu mă susține în relația în care suntem (dacă suntem deja într-o relație) pentru că el are niște probleme care nu țin de mine.

Însă un om care simte cu adevărat ceva pentru mine va încerca să își rezolve acele probleme, tocmai pentru că simte ceva. Dar dacă nu simte, va încerca să mă facă pe mine țap ispășitor pentru toate problemele sale.

A simți cu adevărat ceva pentru cineva înseamnă a fi fericit, a fi împlinit și bucuros de simpla existență a acelui om în viața ta, fără ca vreun gest sau vreun fapt de-al lui să necesite o formă de validare sau de aprobare exterioară. Desigur că într-o relație, pe lângă a simți cu adevărat ceva, noi adunăm o mulțime de elemente care, până la urmă, ne alcătuiesc realitatea: timpul nostru, resursele, atenția și energia noastră. Dar toate acestea nu au niciun sens dacă acel om nu simte cu adevărat ceva. *A simți* cu adevărat ceva pentru cineva este total diferit de *a avea o părere bună* despre cineva. Dacă eu iubesc un om, vorbim în primul rând despre depășirea stadiului mental de atracție reciprocă. Se poate ca noi să fim doi oameni diferiți, să avem preocupări total diferite, să fim în etape de viață diferite și, totuși, pentru că simțim cu adevărat ceva unul pentru celălalt, relația noastră este posibilă.

Mai mult decât atât, ar fi imposibil să nu fie, pentru că nu vezi altă cale.

Pentru că în această viață avem de învățat, ca suflete, foarte multe lecții – de foarte multe ori cumplit de dureroase –, întâlnim oameni în cu totul și cu totul alte anotimpuri emoționale decât noi, oameni care sunt traumatizați sau îndurerați. Cu toate acestea, îi iubim așa cum sunt.

Această iubire nu este rezultatul satisfacerii unor nevoi ale noastre și nici nu apare pentru urmărim să obținem ceva. Ea este acolo pentru că sufletul meu l-a recunoscut pe sufletul celuilalt și nu mai poate, nu mai știe și nu mai vrea să trăiască fără sufletul respectiv.

În cazul unei relații care nu e bazată pe iubire, dacă un om este lângă mine, dar nu mă face să mă simt niciodată în siguranță sau iubit, vorbim despre cu totul și cu totul alte elemente care ne aduc împreună. E vorba despre **obișnuință**: stau într-o relație pentru că sunt căsătorit de foarte mulți ani, avem copii împreună și nu-mi imaginez cum ar fi să iau totul de la capăt și să plec acum. În acest caz, se pune întrebarea: *În ciuda tuturor dificultăților care au apărut, noi mai simțim cu adevărat ceva unul pentru celălalt?*

Dacă sentimentele noastre sunt profunde și autentice, ne putem depăși orgoliul, putem să ne punem de acord să lucrăm împreună, să depășim obstacolele pe care le întâmpinăm pentru că le recunoaștem și le conștientizăm și nu dăm vina exclusiv pe celălalt.

Dar dacă sunt nevoit să stau lângă un suflet care nu mă vrea și să mă amăgesc singur că el mă vrea, atunci eu pierd, nu doar relația în sine – care este încheiată din momentul în care eu nu mai simt sau celălalt nu mai simte –, ci mă pierd pe mine. Acel punct în care eu, ca emoție, gând și trăire mă duc și mă mut în celălalt este cel mai periculos moment; este momentul în care eu mă abandonez total.

De exemplu, mă uit la ceas și mă gândesc că dacă până la ora asta nu am primit niciun telefon, niciun mesaj, eu am o zi proastă. Sau dacă am primit un mesaj ori un telefon până la ora asta, am o zi bună. În momentul în care ajung să devin dependent emoțional de cineva, nu doar că sunt total în derivă din punct de vedere emoțional (pentru că orice schimbare a acelei persoane îmi provoacă plăcere, durere, fericire sau disperare) ci pierd din vedere chiar motivul pentru care am intrat în relația respectivă: sămă cunosc și să pot dărui și primi iubire, în așa fel încât să cresc în continuare.

Când vorbim despre creștere emoțională, vorbim despre o serie de emoții atât pozitive, cât și negative prin care trecem.

În creșterea emoțională nu este importantă lipsa emoțiilor negative, ci abordarea acestora. Pot să le conștientizez, să le schimb, să le observ în cea mai profundă treaptă a emoției mele, dar fără să mă scufund în ea. În acel moment, creșterea emoțională înseamnă că eu experimentez tot felul de trăiri, partenerul mă face să simt anumite lucruri, eu la rândul meu, îi provoc partenerului anumite trăiri. Creșterea emoțională poate să aibă loc doar atât timp cât amândoi suntem implicați, din punct de vedere energetic și emoțional, în această relație. Aasta înseamnă că eu nu trag de relație. Foarte multe persoane trag de relație: *Omul ăsta mă iubește pentru că și eu îl iubesc; poate îi place de mine, dar nu știe cum să mă abordeze; poate că este genul de persoană care „se lasă greu"*. După ce depășesc etapa de negare și etapa de justificare, aceste abordări și justificări nu fac decât să umple orgoliul și să mă poziționeze undeva sub nivelul celuilalt. Reacția și atitudinea lui în raport cu mine sunt cele care contează, nu ce spun eu despre el.

Iar când nu mai țin cont de ce simt eu, deja am pierdut contactul cu solul, plutesc pur și simplu în deriva emoțiilor celuilalt și, dacă celălalt alege să plece definitiv, eu rămân suspendat, fără niciun reper, și experimentez o stare de suferință profundă.

De aceea, a fi onest cu emoțiile noastre este un capitol foarte important. Se poate ca într-un moment al vieții să îmi fie cumplit de greu să recunosc că relația mea nu este ceea ce eu îmi doresc; să-mi fie cumplit de greu să recunosc că omul de lângă mine nu mă mai iubește sau că eu nu-l mai iubesc; sau că un om pe care eu îl iubesc și îl vreau nu mă iubește. În acele momente, trebuie să mă opresc din a găsi justificări și să confrunt realitatea așa cum este ea. Dacă eu nu sunt o prioritate pentru acel om, el se va comporta cu mine ca atare. Dacă îmi arată în repetate rânduri că eu nu contez suficient cât el să-și rupă din timpul, din activitățile, din resursele lui – emoționale și de orice alt tip – ca să vină în întâmpinarea mea, atunci este foarte clar că îmi este transmis un mesaj important: *Noi nu suntem într-o relație.* Ajungem de multe ori dependenţi emoţional de cineva care ne hrăneşte cu o fantezie emoţională, cu o maladie emoţională în care noi suntem o victimă care cerşeşte atenţie, iar celălalt este cel care domină jocul. Se poate ca persoanei care mă ţine în această stare să-i facă plăcere să mă vadă captiv, să vadă că este un om important pentru mine, un om care contează și pentru care depun eforturi să-l am în viața mea. Această stare de confuzie emoțională și de dependență îmi ia în primul rând bucuria momentului prezent, pentru că eu nu mai pot să mă bucur de nimic din ceea ce este în viața mea – toate străzile, toate locurile, toate trăirile, toate filmele sunt despre acea persoană și poartă numele acelei persoane – și totul capătă sens în viața mea doar dacă acel om vine către mine.

Dacă acel om se retrage, eu nu mai am niciun element al identității mele emoționale care să mă ajute să rămân centrat. Această identitate emoțională (cine suntem noi, ca ansamblul de trăiri și de emoții) se construiește în ani, până la sfârşitul vieţii noastre. Multe persoane au senzația că dacă au depășit etapa copilăriei și pe cea a adolescenței și au ajuns la maturitate sunt automat adulți. Poate că sunt adulți din punct de vedere fizic, dar, din punct de vedere emoțional, de foarte multe ori nu sunt adulți, pentru că poartă cu ei un copil interior nevindecat. Ei n-au reușit să-și identifice sufletul, n-au reușit să își recunoască emoțiile. Dacă nu poți să accepți că unui om nu-i place de tine, că nu te vrea, c[nu te iubește, tu ești în momentul respectiv într-o stare de negare, de imaturitate emoțională; ai de fapt o rană emoțională profundă, poate fi rana cauzată de abandon și de respingere, rana confuziei sau rana sacrificiului de sine. Dacă am activat în viața mea și în trecutul meu tiparul salvatorului sau tiparul victimei, eu voi continua să fiu în relațiile mele acea persoană care se duce doar către parteneri care îi hrănesc exclusiv acele tipare emoționale.

Când te oprești din a te duce către oameni care hrănesc acest tipar? Atunci când înțelegi că nu acolo este răspunsul. Te oprești când îți cauți și îți găsești un răspuns în altă parte, nu în omul care te face să suferi. De multe ori, fluturii în stomac sau suferința din dragoste sunt văzute ca ceva interesant, palpitant, romantic. Unele persoane singure spun că viața e monotonă și tristă, că fac același lucru în fiecare zi, că vor să simtă fluturi în stomac pentru cineva, vor să aibă pe cineva care să le sune. Acest lucru se traduce prin faptul că au nevoie de o validare, că în viața lor există un gol. Dar acel gol nu poate fi niciodată umplut de o altă persoană, pentru că nu este despre o altă persoană.

Golul acela este doar despre ce simți tu cu tine, despre ce-ți lipsește ție din identitatea ta emoțională, despre o cantitate de emoție sau de frustrări, despre o frică de singurătate, nu despre celălalt. În momentul în care eu sunt vindecat și sunt bine din punct de vedere emoțional, mă conectez cu sufletul unui alt om pentru că avem niște lucruri în comun, pentru că simțim asta, pentru că este ceva organic, nu pentru că eu am căutat cu disperare să umplu un gol din viața mea, nu pentru că vreau să se așeze cineva pe scaunul liber de lângă mine doar pentru că îmi este teamă că golul de lângă mine înseamnă un gol în viața mea.

La prima vedere, putem fi păcăliți de interesul unei persoane față de noi. Se poate să fim disperați să primim iubire, să venim după o perioadă de singurătate sau după o relație toxică, să existe o durere emoțională profundă și un vid emoțional care se cere a fi umplut, iar eu practic să sar într-o relație sau să merg către cineva cu toată încrederea, pe principiul *de data asta trebuie să fie tot ce am căutat în toate relațiile mele, acum voi primi ceea ce caut.* Se poate să nu primești ce cauți de zeci de ori și de fiecare dată să fie dureros. În acel moment, trebuie să te oprești și să înțelegi de ce experimentezi această durere: pentru că înlăuntrul tău există ceva nevindecat, ceva nelămurit. Acel lucru nevindecat este credința că cineva din afara ta trebuie să-ți spună că ești bun, demn de iubire și validare. Aceasta este convingerea conform căreia iubirea este ceva care vine din exterior către interior.

De fapt, este invers: iubirea este ceva care vine din interior și se manifestă în exterior în absolut tot ce se întâmplă. Iubirea nu este doar despre a fi într-o relație cu cineva – deși poate să fie și despre asta. Iubirea este despre tot ce tu în calitatea ta de conștiință cuantică eternă, despre ce aduni la nivel emoțional; este despre un comportament responsabil și plin de compasiune față de sine, față de ceilalți, față de tot ceea ce este viu. Dacă vrem să ne dăm seama dacă cineva ne iubește sau nu cu adevărat, trebuie în primul rând să vedem cine suntem noi când nu suntem cu acea persoană. Dacă prezența acelui om mă face să fiu anxios, trist, disperat după validare, dacă simt că nimic din ceea ce fac nu e suficient de bun pentru acel om și mă întreb ce ar trebui să fac pentru ca acestui om să-i placă de mine, asta înseamnă că nu primesc iubire. Tot corpul meu energetic transmite acest mesaj: *„la mine nu a ajuns cantitatea de energie care se numește iubire."* Corpul meu energetic nu a recepționat-o, prin urmare eu experimentez o serie de stări: anxietate, confuzie, revoltă, care îmi arată că eu nu mă simt în siguranță.

De foarte multe ori, o să încerc mai mult să mă apropii de cineva care mă respinge. Acceptarea dureroasă a faptului că cineva nu mă vrea poate să fie ceva imposibil de cuprins cu mintea mea. Pentru că nu pot să accept că persoana în cauză nu mă vrea, am să ignor acest lucru și am să continui lupta ca și când nimic nu s-a întâmplat, în speranța că ceea ce eu am trăit și am văzut până acum nu este fapt real. De foarte multe ori am început să ne creăm o realitate alternativă. Ajungem să fabricăm în mintea noastră scenarii, pentru că ne e frică de realitate. Însă întotdeauna răspunsul este numai în **Adevărul** simțirii noastre. Oricât de greu îmi este să procesez o informație că cineva (fie că e vorba despre un partener, despre un posibil partener, despre o persoană din familie sau despre cineva de care am fost apropiat) nu mă vrea și afișează un comportament de respingere și de indiferență față de mine, trebuie să înțeleg și să accept că nu mă vrea, chiar dacă mă doare. Momentul acela este salvator pentru că îmi dă șansa să primesc în viața mea oameni care chiar mă vor și să nu țin ocupat locul respectiv cu durerea respingerii pe care o simt față de persoana în cauză.

Momentul acela mă eliberează din această stare de confuzie, în care ba primesc, ba nu primesc ce vreau, în care trebuie să lupt pentru atenția cuiva sau să îi reproșez că nu primesc ce-mi doresc.

O relație înseamnă foarte multă muncă, dar dacă există reciprocitate, eu nu resimt această muncă, acest efort ca pe o povară, ci ca pe ceva care vine natural și care mă împlinește emoțional și nu mă deprimă. Dacă eu toată ziua nu fac altceva decât să mă gândesc la ce ar trebui să fac ca să-l mulțumesc pe celălalt și mi se arată de zeci de ori că eu nu contez (nu mi se răspunde la telefon, nu mai există comunicare între noi, omul respectiv nu este disponibil niciodată pentru mine, deși este disponibil pentru alte persoane, este mereu nervos, obosit, are o scuză pentru care nu poate să fie acolo emoțional pentru mine), contează să accept adevărul: acel om nu mă vrea. Dar de multe ori intervine orgoliul care poate fi deja rănit și, dacă eu am dezvoltat un atașament puternic față de nevoia de validare, o voi căuta neîncetat. Această validare este un drog periculos, pentru că pot ajunge să trăiesc doar din lauda și aprecierea cuiva.

De multe ori auzim în relații astfel de lucruri: *N-am mai întâlnit pe nimeni ca tine; n-am iubit în viața mea cum te iubesc pe tine; n-am mai văzut niciodată ochi așa frumoși; nu am trăit până nu te-am cunoscut pe tine.* Toate aceste lucruri îmi hrănesc nevoia de validare. În momentul în care ele dispar, eu am rămas „dezbrăcat" de toate elementele emoționale care-mi alcătuiau un scut împotriva propriei mele ignoranțe. Ajung să descopăr că eu nu mă hrăneam cu iubirea celuilalt, ci cu validarea lui. De fiecare dată când cineva ne respinge, se produce un lucru extraordinar și e un adevărat miracol: orgoliul meu este înfrânt, iar așteptările îmi sunt distruse. Ca să poți scăpa de un atașament, te lupți cu el. Nu mai ești sclavul acelui atașament, ci pur și simplu treci prin durerea despărțirii tale ideea otrăvitoare care te ținea captiv în atașament și mergi mai departe. În majoritatea cazurilor, despărțirea de un atașament puternic se face prin distrugerea tuturor așteptărilor. Dacă intru într-o relație ca să primesc iubire, dar nu o primesc, înseamnă că nevoia mea de validare nu este satisfăcută și sunt împins către altceva. Acel altceva este sufletul meu, simțirea mea, cine sunt eu cu adevărat – tot ce reprezint ca ființă umană, ca gândire, ca emoție, ca ansamblu de trăiri și experiențe de viață. Din acel punct în care eu am fost respins de mai multe ori și în care nevoia mea de validare nu a fost satisfăcută, descopăr că de fapt singura persoană a cărei confirmare o căutam în toate relațiile mele eram eu însumi. Ca să ajung la această concluzie, am nevoie să mă despart de aceste atașamente care sunt create de mintea mea care vrea să se agațe de ceva. Dacă am suferit o traumă profundă, nu apucăm să procesăm complet anumite stări. Sunt foarte multe pierderi, dureri, momente de singurătate acută, în care pur și simplu nu te mai interesează nimic altceva decât să primești această validare și confirmare că tu contezi. Uneori nu ne mai uităm din coșul cui luăm validare; băgăm mâna în coșul pe care îl găsim la întâmplare și luăm de acolo orice validare găsim. Dar aceasta vine la pachet cu foarte multe condiționări. Eu primesc validare, dar dau ceva la schimb: independența mea emoțională. În toate relațiile noastre în care ni se pare că lucrurile nu merg bine, că suntem umiliți și respinși, orgoliul nostru are de suferit, dar nevoia noastră de validare începe să scadă. Însă este foarte important ca eu să observ aceste lucruri și să le conștientizez ca să mă pot vindeca de rănile mele. Altfel, dacă voi continua să caut relații fiind nevindecat, nevoia mea de validare va deveni incontrolabilă.

Am să spun că nu sunt eu de vină pentru că aștept confirmare de la partenerul meu, ci că el este de vină, iar în următoarea relație voi primi exact această confirmare dureroasă. În condițiile în care niciodată nu primesc ce îmi doresc, consider că nu eu sunt problema, ci celălalt. Și astfel sunt într-un cerc vicios din care nu mai pot ieși. Am parte de o serie de relații care mă umilesc și care îmi scad încrederea în mine. O să spun: *Nici cu persoana asta nu mă înțeleg, nici omul ăsta nu mi-a oferit ce am vrut. Înseamnă că eu sunt de vină, că eu nu sunt demn de iubire.* În acel punct, am două variante: fie mă afund în această idee complet greșită că eu nu merit iubire, fie recunosc că am un atașament față de necesitatea de a primi validare și confirmare, fără să mă simt neapărat dat la o parte. Atunci pot într-adevăr să-mi schimb viața și să opresc acest șir al suferinței cauzate de respingeri. Se creează un mecanism emoțional de defensivă extrem de interesant: când sunt respins de cineva, când simt că cineva nu mă mai iubește sau că cineva nu mă iubește, iar eu am sentimente față de persoana respectivă, spun:

Acest om nu mă cunoaște; dacă m-ar cunoaște, m-ar iubi; Acest om nu a avut timp pentru mine; Această persoană este foarte traumatizată, dar cu siguranță se va schimba.

Toate aceste scuze pe care eu i le găsesc cuiva sunt aplicabile în absolut orice situație, dar când vorbim despre iubire sunt o mare problemă. Un om care mă iubește găsește orice cale să-mi arate asta, iar dacă nu există o cale, o creează. Dacă este imposibil, face posibil imposibilul pentru că mă iubește. Dacă însă nu mă iubește, va face imposibil absolut orice posibil, tocmai pentru că nu are de unde și nu are pe unde să îmi trimită această cantitate de energie și nu este motivat de iubire. Iubirea, ca energie, este cea mai puternică motivație, în sensul în care ea este alimentată doar de ea însăși. Iubirea există doar prin ceea ce este și ea reprezintă acel cadou care ți se dăruiește la infinit prin el însuși. În momentul în care iubirea este înțeleasă corespunzător și separat de atașament (atașamentul este legat de ceea ce dai și de ceea ce primești în schimb; este o contabilizare a lucrurilor cu care rămâi din acest schimb – eu îți ofer liniște, tu îmi oferi stabilitate; eu îți ofer validare, tu îmi oferi confirmare în ceea ce eu sunt nesigur legat de mine), celălalt nu mai are limitele create de mental, ci totul are o dinamică complet diferită. Când vorbim despre iubire, nu mai vorbim despre competiție. Celălalt nu are cum să se mai uite la alți oameni ca la posibili parteneri. Nu are cum să mă ignore vreodată, să se joace cu mine sau să vrea să mă rănească intenționat, pentru că eu sunt o parte din acel om. O persoană care mă iubește nu mă vede ca pe cineva diferit de ea, ci ca pe o parte importantă (sau cea mai importantă parte) a sa. Aici este magistrala forță a iubirii, acel moment când părăsim dualitatea (rău-bun) și intrăm în starea de iubire absolută, în care realizăm că nu există diferențe care să ne facă să ne urâm, ci doar asemănări pentru care putem să ne iubim reciproc.

Însă până la această stare de iubire, am nevoie să depășesc foarte multe etape, care vin la pachet cu multe atașamente. Dispariția atașamentelor din viața mea este unul dintre cele mai grele procese de creștere emoțională și de trezire spirituală. În multe cazuri, ne trezim implicați în anumite relații doar pentru că avem un atașament față de ideea de relație, de partener, față de ideea de cum ar trebui să arate o poveste de iubire. Astfel, încercăm să punem în practică un film, deși nu avem cum să trăim altceva în afară de ceea ce sufletul nostru are de experimentat și de învățat pe parcursul vieții. Aceste lecții pe care noi le învățăm sunt complet diferite de ceea ce noi ne dorim, ne imaginăm, de așteptările și condiționările noastre.

O etapă importantă a maturizării emoționale este acel moment în care pot să accept (cu înțelepciune, nu neapărat cu bucurie) că cineva nu mă vrea; că, indiferent cât de bun, de inteligent sunt, indiferent cât de bine arăt, cât de potrivit cred că sunt pentru acel om, el nu mă vrea. Motivele nu contează. Contează doar că el nu poate, ca suflet, să se conecteze cu sufletul meu. Sigur că tu poți să insiști când cineva îți arată că nu te vrea și să-l convingi pe acel om să fie cu tine. Dar niciodată nu vei putea genera o conexiune autentică, una care să aibă la bază iubirea. Poţi să-l faci pe acel om să te respecte, să-i fie frică de tine, să te dorească, dar toate aceste lucruri sunt complet diferite de iubire.

Multe persoane spun că-şi doresc să găsească iubirea, să fie într-o relaţie bazată pe iubire, dar nu se întâmplă asta. Este foarte complicat să găseşti iubirea, atât timp cât tu te afli în etapa de ataşament şi condiţionare, cât încă nu ţi-ai vindecat rănile emoţionale şi aştepţi ca altcineva să o facă în locul tău.

De fiecare dată când cineva nu răspunde aşa cum ne-am dori, nu ne iubeşte aşa cum ne-am dori sau nu se exprimă aşa cum ne-am dori, trebuie să ne întrebăm *de ce ne răneşte ceea ce face acest om?*

Dacă eu m-aş iubi pe mine suficient, nu aş fi rănit de ceea ce face acest om, aş fi într-o stare de iubire care nu mi-ar permite să intru vreodată în starea de suferinţă. De câte ori altcineva mă răneşte, este pentru că eu îi permit să facă asta şi pentru că nu am reuşit încă să conştientizez tot ceea ce sunt; am încă dubii cu privire la identitatea mea emoţională. În acest moment, trebuie să trec prin cât mai multe experienţe şi trăiri, care să-mi indice exact care este problema mea. În afară de experienţa mea brută, dură prin care trec, nimeni şi nimic nu mă poate învăţa mai bine ce anume am nevoie. Trebuie doar să fiu dispus să primesc această experienţă cu deschidere emoţională şi cu sinceritate. Dacă am nişte tipare predefinite legate de ceea ce merit sau de ceea ce vreau să primesc, se poate să sufăr continuu, în fiecare relație. De aceea este foarte important să mă las șlefuit ceea ce mi se întâmplă și să nu merg în direcția în care spun că sunt o victimă, că mie mi se întâmplă doar nenorociri, că eu niciodată nu am greșit, ci din contra – să văd unde am greșit, să-mi dau seama dacă pot îndrepta ceva și să preiau întreaga responsabilitate a relațiilor mele. De fiecare dată când mă aflu într-o situație dramatică, sunt respins, dat la o parte, rănit sau trădat de cineva, eu mai pun o cărămidă la baza identității mele emoționale; învăț mai mult despre cine sunt și care sunt nevoile mele emoționale.

De multe ori, ajungem să-i cunoaștem mai bine pe alții decât pe noi înșine, ceea ce este o problemă: dacă eu nu mă cunosc pe mine suficient de bine, pot crede că un anumit bărbat (sau o anumită femeie) mă poate face fericit, dar ajung în relația respectivă și constat exact contrariul.

Acest lucru se întâmplă pentru că eu nu sunt complet conectat cu identitatea mea emoțională, prin urmare eu nu manifest în viața mea misiunea sufletului meu, ci o serie de credințe, de așteptări, de atașamente care mă împiedică să mă conectez cu adevărat la sufletul unei persoane care este pe aceeași frecvență vibrațională cu mine.

5

De ce ne plac atât de mult oamenii care nu ne vor?

Un subiect extrem de important și în același timp care capătă de multe ori nuanțe atât de greu de distins, încât ne dă o groază de bătăi de cap este răspunsul la întrebarea: *De ce ne plac atât de mult oamenii care nu ne vor?* De ce avem tendința să fim atrași de oameni care nu ne vor, nu ne plac, sunt indisponibili emoțional, care nu sunt interesați de cine suntem noi? De ce ne plac oamenii care ne-au dezamăgit, care știm că ne dezamăgesc, despre care vedem că n-au cum să se schimbe și pe care îi vrem totuși mult mai mult decât pe cei care ne vor în viața lor, care ne fac loc, ne iubesc și ne oferă ce avem nevoie? Cum putem să rezolvăm acest aspect, care nu e nici ceva neînsemnat, nici neimportant, ci dimpotrivă?

Odată ce ajung să fiu dependent emoțional și extrem de interesat de altcineva, nu mai sunt deloc interesat de mine, tot sensul vieții mele și tot ceea ce fac se mută în acea persoană. În momentul în care celălalt îmi arată că nu mă vrea, ajung să nu mă mai vreau nici eu. Ajung sa-mi distrug atât relația cu mine însumi, cât și toate celelalte relații, pentru că sunt prezent doar în acea relație în care sunt dat la o parte, abuzat sau ținut la distanță.

Ce reprezintă *un om care nu te vrea?* Este o persoană indisponibilă emoțional, care nu știe, nu are chef sau nu vrea să împartă cu tine spațiul ei emoțional. E ca și cum cineva îți bate la ușă, iar tu nu-i deschizi, nu-l lași să intre, nu-l primești.

În momentul în care nu lași un om să pătrundă în spațiul tău emoțional și îl ții la distanță, comportamentul este unul **evitant** (eviți să comunici cu persoana respectivă, **ezitant** (eviți să vorbești despre ceea ce simți, despre ceea ce gândești), **pasiv** (nu ești disponibil să comunici despre ceea ce simți și despre ceea ce crezi). Este un comportament indiferent (celălalt poate să aibă plângeri pe care tu le ignori) și în care **nu ești implicat** în niciun fel în deciziile, în viața, în gândurile și emoțiile celuilalt. Oamenii indisponibili emoțional sunt pentru ceilalți ceea ce este un puzzle pentru un copil. Este acea intrigă, acea dorință de a-ți demonstra ție și celuilalt că lucrurile pot fi diferite. Atunci când vrem să ne demonstrăm acest lucru nouă înșine sau celuilalt, fără să ne dăm seama, invadăm spațiul emoțional al celorlalți. Este ca și cum am transmite următorul mesaj: *Eu nu sunt de acord cu decizia ta de a fi indisponibil pentru mine. Vreau să fii disponibil pentru mine.* Acest lucru se traduce printr-o violare a spațiului emoțional al celuilalt.

De multe ori suntem extrem de frustrați și loviți în orgoliu când cineva ne ține la distanță și nu ne vrea, fără să ne dăm seama că este o alegere pe care acel om o face față de noi.

Felul în care reacționăm în raport cu alegerea respectivă reprezintă de fapt atitudinea și problema noastră, nu a celuilalt. Dacă celălalt alege să nu ne vrea și să ne țină la distanță, aceasta este o alegere pe care trebuie să i-o respectăm, în toate circumstanțele. Sunt situații când ne prefacem că nu ne dăm seama ce se întâmplă, pentru că orgoliul nostru ne spune: *Tu o să-l schimbi pe omul ăsta.* O persoană indisponibilă emoțional este diferită de ceilalți; iese mai ușor în evidență cineva care-ți spune „nu" decât cineva care-ți îndeplinește toate dorințele, pentru că o astfel de persoană te intrigă și te face să te întrebi: *„De ce?"*

Aici este nevoie de multă atenție, pentru că dacă știe acest lucru, jocul pe care îl face cu tine este unul foarte interesant: îți oferă puțină atenție, care este de fapt o momeală. La început, poate fi vorba de mai multă atenție, iar pe parcurs, atenția devine din ce în ce mai puțină, până când este de-a dreptul inexistentă. Pentru faptul că tu ai învățat pe de rost acest joc, în care orice urmă de atenție îți oferă puțină validare și confirmare că și celălalt te vrea, nu te mai poți opri și nu mai poți face diferența între ceea ce primești și ceea ce dai. Ajungi să crezi că ceea ce tu oferi este egal cu ceea ce oferă celălalt, în condițiile în care tu ești singurul care oferă, iar celălalt nu este dispus să depună niciun fel de efort în relație.

Însă tu ești cel care face asta, tu ești cel care ia această decizie, tu ești cel care îi transmite celuilalt: *Fă ce vrei cu mine, tratează-mă oricum, pentru mine nu contează. Eu sunt disperat să primesc atenția ta și să te deschid un pic către mine.* O persoană indisponibilă emoțional nu este așa tot timpul: câteodată, ea deschide un pic ușa și vezi puțin în sufletul ei, iar tu îți dorești mai mult acces, pentru că îți place ce vezi. Sunt situații când ți se spune că o să ai mai mult acces, *dar nu acum,* situații când ți se spune că nu vei avea niciodată acces și situații când ți se spune că *ai acces la mine, dar tu ai o problemă pentru că vrei prea mult și ai niște așteptări nerealiste.*

Cauzele pentru care un om este indisponibil emoțional sunt foarte variate. Încep de la traumele din copilărie sau din perioada matură și merg până la orgoliul care vrea mai multă putere sau la lipsa de perspectivă, de compasiune, de empatie și la hiperdezvoltarea mentală (situația în care o persoană este foarte inteligentă, dar complet deconectată de emoțiile ei, folosindu-și inteligența pentru se autosabota și autodistruge).

Indisponibilitatea emoțională este de multe ori și o modalitate pentru anumite persoane de a obține beneficii pe care, dacă ele ar fi disponibile emoțional, nu le-ar obține.

Este vorba despre situația în care eu m-am încuiat emoțional în relație și îl forțez pe celălalt să fie cel care trage zăvorul la ușă, ca să fie lăsat înăuntru. În acel moment, ajung să beneficiez de o atenție suplimentară. Dacă aș fi un om care comunică eficient, care este implicat și prezent în relație, celălalt nu ar fi atent tot timpul să-mi satisfacă dorinţele. În momentul în care oamenilor li se spune că sunt indisponibili emoţional, reacţia lor de fiecare dată este: *Dar n-am făcut nimic.* Într-adevăr, chiar nu au făcut nimic, tocmai aici e problema.

Este foarte interesantă această metodă de manipulare emoţională (asta este de fapt indisponibilitatea emoţională), pentru că este extrem de subversivă şi foarte subtilă. De multe ori, aceşti oameni afirmă că nu au făcut nimic rău, iar dacă le spui că nu comunică, ei răspund că ţi se pare, că este doar percepţia ta, că ei sunt OK din punctul lor de vedere şi că tu ai aşteptări nerealiste.

Dacă analizăm mai în profunzime, indisponibilitatea emoţională (un om care nu îţi oferă şansa de a-l cunoaşte în profunzime şi de a împărţi cu tine din ceea ce este) reprezintă o alegere, pentru că acelaşi om poate să fie disponibil emoţional pentru alte persoane, dar nu pentru tine. Desigur, poate să nu fie deschis emoţional cu absolut nimeni, şi acesta să fie modul lui de a fi. De multe ori, facem această greşeală de a ne raporta la ceilalţi prin intermediul emoţiilor noastre. Tentaţia este foarte mare şi nu trebuie să ne judecăm pentru că facem asta.

Odată ce te apropii fizic de o persoană – şi chiar înainte de asta (odată ce faci un schimb de energie cu un om de care eşti cu adevărat interesat) –, vulnerabilitatea ta emoţională este una foarte crescută. Ajungi să proiectezi asupra celuilalt o serie de aşteptări, până în punctul în care nu mai contează nimic în afară de ceea ce zice sau face acel om. Ce se întâmplă de fapt este că eu mă mut din mine, din sufletul meu, în sufletul și în mintea celuilalt, care în această conjunctură nu poate să-mi asigure combustibilul necesar unei existențe echilibrate în bucurie și în împlinire. Totul este pus pe pauză în relație, tot timpul sunt atent să văd dacă primesc o urmă de atenție și sunt dirijat în acțiunile mele de această atenție, până în punctul în care doar atenția persoanei respective mă face fericit și mulțumit. Nimic altceva din jur nu mai poate să-mi aducă satisfacție.

Se produce un fenomen foarte interesant când cineva nu te vrea. Evident, primul gând este: *„De ce nu mă vrea acest om?"* Tu poți să găsești o serie de argumente logice pentru care omul respectiv nu te vrea și pe care să le accepți. În același timp, peste argumentele tale logice va veni simțirea ta, care va spune: *„Eu simt că acest om mă vrea. Simt că este persoana potrivită pentru mine. Eu simt că și el simte ceva față de mine."*

S-ar putea să ai dreptate, s-ar putea ca omul respectiv să simtă și el ceva față de tine, dar asta nu este suficient. Un om care simte ceva față de tine nu este un om care **te vrea**, ci este un om care doar **simte** ceva față de tine. Un om care te vrea cu adevărat în viața lui face ceva în legătură cu asta, depune eforturi să e aibă, la nevoie face sacrificii pentru asta. Scuza pe care multe persoane indisponibile emoțional o au este următoarea: *„Și eu simt ceva pentru tine, și eu mă gândesc la tine, dar nu îți arăt."* Acesta este echivalentul lui: *Eu nu te vreau, dar dacă tu mă vrei și insiști atât de mult, până la urmă o să te vreau. Nu vreau să fiu un om lipsit de bun simț și nu o să te refuz."*

Un alt argument pe care oamenii indisponibili emoțional îl folosesc de multe ori este: *Eu nu am vrut relația asta, tu ai fost cel/cea care a insistat.*

Disponibilitatea emoțională nu este o alăturare de cuvinte care vor să pară interesante și inteligente. Disponibilitatea emoțională este rezultatul unei munci de ani de zile pe care tu o faci cu tine. Este rezultatul unei cantități de iubire pe care tu ai primit-o la rândul tău și știi să o manifești. Disponibilitatea emoțională este rezultatul maturității, al faptului că tu nu joci în mai multe ligi, ci alegi o persoană, o situație, o conjunctură asupra căreia să îți manifești atenția în mod exclusiv.

Legat de **exclusivitate** – un om poate fi indisponibil emoțional pentru noi și poate să nu ne vrea pentru că are în plan cu totul și cu totul alte relații, alte conjuncturi. Să fii disponibil emoțional pentru cineva, să vrei pe cineva înseamnă să muncești și înseamnă să-ți pese. Dacă în trecutul nostru am fost răniți, trădați, abandonați și nu suntem vindecați, vom încerca să remediem durerea pe care am simțit-o prin toate relațiile noastre. Vom alege în continuare oameni care au potențialul de a ne trăda și de a ne abandona, în ciuda faptului că știm ce urmează să se întâmple. Asta va veni ca o încercare de a îndrepta ceea ce a fost rău în trecut și nu am știut cum să depășim. Dacă eu am fost abandonat, părăsit de cineva, în momentul în care voi găsi pe cineva care este capabil să producă din nou aceeași durere, eu am să retrăiesc acea poveste cu bună știință, în încercarea de a rescrie trecutul, de a-mi demonstra că poate să fie și altfel, nu cum a fost atunci. Prin urmare, voi alege o persoană care **nu mă vrea.**

Nu este vorba despre un om care nu vorbește niciodată cu mine, ci despre un om care mă vrea din când în când; nu pe mine, ci o versiune a mea, o bucată din mine, o manifestare a ceea ce sunt eu într un anumit moment al vieții mele. Odată ce primește ceea ce-și dorește, indiferent că e vorba despre sex, despre comunicare, despre atenție, despre un anumit serviciu, despre validare sau despre orice altceva, persoana respectivă pleacă și nu mai simte nevoia să facă parte din viața mea. Un om care nu te vrea este un om care te vrea din când în când. Să vrei pe cineva *din când în când* înseamnă să nu-l vrei deloc, dar să nu-i spui asta, pentru că te poți folosi de el câteodată, în condițiile tale, cum îți convine.

Este foarte greu să-ți dai seama că cineva nu te vrea, în primul rând din cauza scenariilor pe care ni le facem singuri în minte. Dacă eu sunt determinat acum să cred că cineva mă iubește, dacă eu iubesc un om și îmi place foarte mult de el și vreau să mă mint că mă iubește, eu sunt primul impediment în a vedea realitatea. Eu sunt prima mea problemă către înțelegerea faptului că un om nu mă vrea, pentru că îmi spun încontinuu că el mă vrea. Fac acest lucru în primul rând pentru că eu nu mă iubesc pe mine; dacă m-aș iubi, nu aș putea nicio secundă să mă gândesc la cineva care nu mă iubește, pentru că ar însemna că sunt în aceeași echipă cu el, că amândurora nu ne place de mine. În al doilea rând, fac asta pentru că am în mine o cantitate de durere, o cantitate de nesiguranță și o cantitate de îndoială care rezonează profund cu durerea pe care acest om mi-o provoacă. Se produce o întrepătrundere, o întâlnire între imaginea pe care eu o am despre mine și ceea ce acest om mă face să simt. Ajungem să ne persecutăm amândoi, alegem amândoi să lovim în mine pentru că eu sunt în acord cu el: sunt o victimă care merită să sufere.

Problema cu oamenii care nu te vor nu e că nu te vor. Este vorba despre tot ce ei distrug în tine și omoară încet, încet. Sunt foarte multe situații când avem nevoie când avem nevoie să așteptăm, să înțelegem și să fim răbdători.

Există însă și foarte multe situații când răbdarea ne poate omorî, pentru că ea înseamnă perpetuarea și acceptarea unui comportament abuziv. Singura soluție este să pleci. Dar exact această idee este cea pe care nu o vezi atunci când cineva nu te vrea. Ești dispus să faci orice, numai să nu pleci. Acest aspect este foarte interesant, pentru că persoana care nu te vrea te aduce în punctul în care tu te rogi de ea să te vrea, iar lucrurile se întâmplă după un scenariu foarte bine pus la punct. Persoana în cauză știe că azi nu îți oferă atenție, mâine îți oferă puțină, apoi iar încetează să-ți acorde vreun fel de atenție. La un moment dat, ești atât de obosit de această poveste pe care singur ți-ai creat-o (persoana în cauză ți-a arătat că nu te vrea, că nu e interesată), încât ești de acord să lași la o parte toate filtrele mentale și emoționale și să accepți ce ți se oferă. Celălalt îți va spune că nu-ți oferă nimic, iar tu vei accepta și acel nimic. Vei spune că acel nimic e bun și vei pune peste el ceea ce ți-ai imaginat că este acel om, vei pune dorințele tale, tot ce ai visat că este el. La final ți se va părea că acel nimic este unul interesant.

Absența iubirii și a implicării emoționale nu poate să fie înlocuită vreodată de ceva. Nu ai cum s-o treci cu vederea.

Prezența emoțională, iubirea, atenția și grija cuiva sunt elementele care pun laolaltă tot ceea ce în seamnă o relație, sunt elementele care constituie relația în sine. Dacă îndepărtezi aceste elemente, relația nu mai există și devine doar o plăsmuire a imaginației tale, cu care te rănești singur.

Oamenii care nu ne vor sunt pretextul nostru preferat ca să scăpăm de noi înșine, de ceea ce avem de vindecat și de înțeles. Ne amăgim că problema nu este că ne dor rănile nevindecate, ci că nu ne vrea o anumită persoană. Ne amăgim că nu ne doare că nu știm ce să facem cu noi, ci că persoana în cauză ne respinge. Ne folosim de aceste pretexte ca să ne justificăm absența din propriile vieți, ca să ne justificăm dependența absolut inutilă de o formă de atenție de care nici nu avem nevoie. Mulți se întreabă: *„Ce să fac, să mă placă?"*

Nu ai ce să faci ca să te vrea cineva. Dacă tu ești doar o opțiune pentru cineva, iar acea persoană este o prioritate pentru tine, din start nu vă întâlniți niciodată. Dacă tu ești persoana de care acel om își aduce aminte din când în când, iar celălalt este sensul vieții tale, nu aveți cum să rezonați vreodată. Nu ai cum să forțezi un om să te vrea pentru că, dacă această persoană are în plan alte lucruri pe care le vrea cu adevărat și tu nu ești printre ele, nu o să te poți infiltra singur în planurile lui.

Poţi să te aşezi lângă un om, să intri în viaţa lui, dar este nevoie şi ca acea persoană să se aşeze lângă tine şi să vrea să stea lângă tine. Cu cât vânezi mai mult un om, cu atât el va fugi mai departe de tine. Este foarte simplu: nu primeşti grijă, atenţie, iubire – nu ai niciun motiv să te comporţi ca şi când ceri ceva în plus, ca şi când tu ai o problemă. Dacă tu oferi aceste lucruri şi nu primeşti nimic în schimb, problema este că accepţi să rămâi într-un context şi într-o situaţie despre care înţelegi că este defectuoasă, toxică, dar cu care în acelaşi timp alegi să te răneşti pentru că vrei să te pedepseşti. Alegem oameni care nu ne vor pentru că dorim să ne pedepsim, pentru că suntem nevindecaţi, pentru că suntem supăraţi pe noi înşine. Mai facem asta şi pentru că, de multe ori, aceste persoane sunt o provocare şi pentru că, în unele situaţii, pur şi simplu există o conexiune la nivel emoţional pe care noi o identificăm.

Iar aici apare o confuzie: *eu pot să am o conexiune emoţională foarte puternică cu un om care nu mă vrea, dar el poate să nu o aibă cu mine."*

Înţelegerea profundă a acestui fapt şi acceptarea lui mă poate scuti de foarte multă suferinţă. Dacă eu aleg să -mi fac iluzii spunându-mi că la un moment dat această persoană o să mă vrea – pentru că eu o să mă schimb sau pentru că ea o să se schimbe –, nu fac decât să mă afund într-o gaură a disperării şi a fricii din care nu am cum să ies, pentru că eu singur mă ţin acolo. Din locurile unde eu singur mă duc, nu prea mă poate scoatē nimeni. Dacă am o nevoie acută de validare, voi alege doar parteneri care nu îmi oferă validare.

În foarte multe situații, vrem să păstrăm în viața noastră oameni care nu ne vor pentru că vedem ceva bun în ei, pentru că avem o conștientizare și o dorință de a construi ceva alături de ei. Există în noi o stare care ne spune că se poate salva ceva, că există foarte mult potențial. Ceea ce nu ne dăm seama este că un om poate să aibă potential, dar dacă el nu vrea să-l îndrepte în direcția ta, potențialul lui față de tine este zero. Până la o anumită vârstă, indisponibilitatea emoțională poate fi interesantă, poate să fie ușor romantic – cineva să te țină în vârful picioarelor, tu să ai parte de un flirt interesant și să aveți o conexiune palpitantă.

După o anumită vârstă însă, devine o metodă de autopedepsire și de abuz față de propria persoană dacă menținem în viața noastră oameni care nu ne vor, care ne țin la distanță, care sunt inaccesibili și inabordabili, dar extrem de tentanți pentru noi. Într-o relație, căutăm de foarte multe ori în celălalt exact acele părți care nouă ne lipsesc.

Dacă am identificat în cineva niște părți foarte interesante pe care noi am dori să le avem în noi înșine – sau din contra, vedem în celălalt niște părți care există și în noi – putem crede că acea persoană este potrivită pentru noi.

Bine, înțeleg ce spui, dar totuși de ce nu mă vrea? Îmi doresc să știu de ce nu sunt eu alesul/aleasa...

Trebuie să știm să identificăm aceste simptome, în momentul în care cineva nu ne vrea. Este important de știut că nu din cauza ta nu te vrea, nici din cauza lui.

Nu te vrea pentru că de multe ori nu te pricepe, nu te vede și nu te simte. Între tine și el există o serie de așteptări, de frici, de neînțelegeri ale propriei persoane care nu se feresc din drum când sufletele voastre trebuie să se întâlnească. Omul care te vrea este omul care și-a descoperit propriul suflet și, în același timp, este disponibil să descopere și sufletul tău. Dacă acest om nu a avut sau nu are curiozitatea să-și descopere propriul suflet, oricât de frumos ar fi sufletul tău, el pur și simplu n-o să-l vadă, nu pentru că nu vrea, ci pentru că nu poate. Iar tu o să pui și mai mult suflet. Devine un fel de obișnuință în a încerca să-i „corupem" pe oamenii indisponibili emoțional să se deschidă către noi. Ajungi să depinzi de acel moment din mintea ta, până când persoana care nu te vrea o să te vrea. Este un drog puternic, iar speranța că „mâine" o să te vrea reprezintă o condamnare la o stare de perpetuă așteptare. Eu nu mai fac nimic în viață, în afara faptului că aștept ca omul care nu mă vrea să mă primească, să mă vadă, să mă valideze. Când acest lucru nu se vaîntâmpla, voi fi extrem de trist. Dar când acest lucru se întâmplă, iar eu mai primesc câte-un pic de atenție, atunci devin mai trist decât când nu primesc atenție, pentru că nu știu ce să fac cu emoția respectivă. Nu sunt învățat să primesc starea respectivă.

Ne dorim în viață oameni care nu ne vor, luptăm pentru oameni care nu ne vor, pentru că ne-am învățat să fim refuzați și să fim dați la o parte. Comparăm prezentul cu trecutul și spunem mereu: *Așa mi se întâmplă mie. Am mai trăit asta.* Deci a fost alegerea ta. Dacă răspunzi la telefon unui om care nu te vrea, înseamnă că ești de acord cu el. Răspunzi la telefon pentru că speri și crezi că el se va schimba. Lucrurile însă nu se întâmplă pentru că tu vrei asta de la celălalt; lucrurile se întâmplă doar dacă și celălalt vrea, conștientizează, își dorește o schimbare.

Pentru oamenii indisponibili emoțional, care intră în relații și apoi ies sau care sunt în mai multe relații în același timp, soluția nu este ca altcineva din afara lor să îi trateze sau să-i vindece. Soluția se găsește în interiorul lor. Aceste persoane au nevoie de conștientizarea faptului că dețin un suflet, că acest suflet vede și simte tot, de înțelegerea faptului că ei, în calitate de conștiință cuantică, înregistrează tot. Aceste persoane au nevoie să-și dorească să primească și să ofere iubirea care se află în interiorul lor, care este generată de ei din punct de vedere conștient.

Aici intervine trezirea spirituală, conștientizarea autentică a ceea ce este în viața mea. Fără **Adevăr** nu există nimic. Pot să mă prefac, pot să mă mint și pot să-l mint și pe celălalt, dar toate aceste lucruri nu există.

Ele sunt doar o amânare a întâlnirii cu Adevărul care, mai devreme sau mai târziu, se produce. Dacă se produce mai târziu, mă doare foarte tare, pentru că toate acele minciuni de care mă agățam sunt distruse. Când apare Adevărul, nu te mai poți ascunde. Dar nici nu vrei să te ascunzi, pentru că este o eliberare uriașă.

Fiecare persoană care nu ne vrea, care ne respinge, ne care părăsește reprezintă cea mai mare binecuvântare și cea mai mare bucurie bucurie a vieții noastre, dar pe care, din păcate, în momentul acela nu o putem înțelege.

Fiecare persoană care ne respinge ne mai distruge puțin din iluzia că trebuie să primim iubire ca să fim iubiți, că trebuie să tânjim după validare, că trebuie să vină ceva din afara noastră ca să fim fericiți. Este foarte frumos și sănătos să primești și să oferi iubire. Însă dacă scopul meu în această viață este doar să primesc iubire și dacă nu sunt bine decât atunci când primesc iubirea celorlalți, înseamnă că de fapt eu am o problemă și nu știu să ofer iubire – în primul rând persoanei de care nu mă despart niciodată: mie însumi. De multe ori, mă coalizez cu un om care nu mă vrea pentru că eu simt asta față de mine, pentru că nu am reușit să ajung la mine și alte persoane ca intermediari pentru a ajunge la ființa mea. Încerc emoțional și mental să mă mut în altcineva, celălalt să-mi spună ce să fac cu mine, cine sunt eu, cum să iubesc eu. Un om care nu te vrea nu o să-ți spună aceste lucruri, iar tu vei fi forțat să te uiți la tine și să înveți toate astea de unul singur. De aceea, de multe ori un instrument de creștere emoțională este omul care nu te vrea și pe care tu îl alegi în repetate rânduri.

Există o satisfacție ascunsă a alegerii omului care nu te vrea și a persoanelor indisponibile emotional, pentru că miza devine din ce în ce mai mare. La început este o miză mică – *poate acest om o să mă vrea sau nu, nu știu*. Dar apoi miza devine uriașă, pentru că te aștepți ca cel care vindecă neatenția, ignoranța, indiferența pe care le primești să fie chiar cel care le provoacă. Miza ta e foarte mare, pentru că ea înseamnă poate zeci, sute de zile pe care le petreci așteptând să se întâmple ceva. În cadrul acestui proces, te alini și te susții doar cu gândul că această persoană la un moment dat se va schimba și va repara tot ceea ce a stricat. De cele mai multe ori, acest lucru nu se întâmplă niciodată. Persoana în cauză manifestă acest comportament pe parcursul întregii vieți, fie că este sau nu conștient de ceea ce face – el nu se poate abține, pentru că nu știe să facă altfel.

Putem să ne vindecăm și să ne tratăm de atragerea și de păstrarea oamenilor care nu ne vor în viața noastră lucrând în primul rând foarte mult cu orgoliul nostru. El este atacat primul atunci când cineva nu ne vrea și spune: *Această persoană nu are cum să nu mă vrea. Eu sunt exact ceea ce-i trebuie.*

Orgoliul rănit se motivează singur. În al doilea rând, avem nevoie să fim foarte sinceri cu noi și să înțelegem că oricât de multe calități am avea și oricât de buni am fi, oricât de dedicați și disponibili, un om poate și are dreptul să nu ne vrea. Dacă însă această persoană se comportă ca și când ne vrea și apoi nu ne mai vrea, începe să fie vorba de manipulare emoțională și abuz emoțional, iar lucrurile se complică.

Este foarte sănătos și vindecător să le spunem oamenilor pe care nu-i vrem în viața noastră acest lucru, că nu avem loc pentru ei – din motive care țin de ei sau de noi. Este foarte important să îi eliberăm și să le spunem asta. Pe de altă parte, este crud și nedrept să ținem în viața noastră oameni pe care nu-i vrem, dar parcă totuși i-am vrea, dar nu știm când o să îi anunțăm noi când îi vrem.

Toate aceste lucruri țin de igiena emoțională și de valorile fiecăruia.

În multe situații, sufletul nostru nu ascultă ce ne spune mintea, și nu doar că nu o ascultă, dar o determină să facă tot felul de scenarii cum că persoana de fapt ne vrea; ne legăm de detalii absolut nesemnificative, deși faptele ne arată realitatea nefardată. Există o tendință în special din partea femeilor și a energiei feminin creatoare de a crede că lucrurile se pot schimba, că un partener indisponibil emoțional se poate schimba. Se întâmplă și în cazul bărbaților să creadă că o femeie pe care o iubesc se schimbă pentru că o iubesc. Dar adevărul este că nu se schimbă decât dacă te iubește și dacă se iubește el însuși/ea însăși.

Lipsa acestei iubiri înseamnă lipsa creșterii, înseamnă lipsa schimbării, a transformării, iar munca pe care o depui tu cu tine însuți nu o poate face altcineva. De aceea un om care nu te vrea îți arată asta în fiecare secundă și este doar alegerea ta dacă înțelegi și respecți decizia lui și mergi mai departe, sau dacă alegi să te complaci într-un cerc al suferinței infinite, din care nu are cum să te scoată persoana care te-a băgat acolo. Este nevoie să ieși singur și să înțelegi că, exact așa cum sunt oameni care nu te vor, sunt și oameni care te vor. Dar primul om care trebuie să te vrea în viața lui ești tu. Odată ce tu te vrei, va fi aproape imposibil să mai suferi când altcineva îți spune că nu te vrea, pentru că tu deja ești complet, întreg, regăsit și trăiești într-o stare de iubire și de acceptare față de tine care îți permite să identifici și să păstrezi în viața ta oamenii aidoma ție.

6

Infidelitatea și trădarea. Ce se întâmplă la nivel energetic

De ce un om care spune că mă iubește mă înșală?

Ca să putem înțelege ce înseamnă trădarea, respectiv infidelitatea, este nevoie să înțelegem ce se întâmplă cu o persoană în toate etapele ei de evoluție, pe parcursul întregii sale vieți. De câte ori judec pe cineva sau mă plâng de comportamentul cuiva, eu mă raportez la mine. Mă gândesc cum aş reacţiona eu în ipostaza respectivă, ce aş face eu şi, cel mai important, mă gândesc care ar fi reacţia ideală. Tratez orice situaţie din viaţa mea dintr-o perspectivă subiectivă: spun că oamenii nu ar trebui să fie răi sau să mă trădeze, că persoanele din jurul meu ar trebui să aibă un anume comportament dacă şi eu mă comport în acord cu anumite principii morale şi de viaţă. Ce nu se ia în considerare este felul în care fiecare suflet în parte creşte, în care se raportează la fricile sale, la traumele sale, la toată experiența sa de până în prezent, pe care eu nu o cunosc, nu o pot controla și prin urmare nu am cum s-o judec în vreun fel. Atunci când suntem șocați sau uimiți de cineva care ne face rău (mai ales când e vorba despre o persoană foarte apropiată, care îți știe toate secretele, căreia i-ai acordat încrederea și timpul tău, pentru care te-ai sacrificat, prima reacție pe care o ai este una de șoc și te gândești: *Cum a putut să facă asta?*

Multe persoane nu-și revin după o trădare și nu reușesc să treacă peste o infidelitate din cauză că își revin din șoc și nu înțeleg cum anume s-a putut întâmpla să fie trădate de cineva atât de apropiat.

Al doilea lucru pe care nu îl înțeleg este unde anume au greșit. Se poate să nu fi greșit tu, iar persoana în cauză să nu fi greșit neapărat față de tine, să nu îți fi făcut ceva ție, ci să fi ales să se trădeze pe ea însăși. De câte ori trădezi un alt om, de fapt te trădezi pe tine. Ce înseamnă trădare? Înseamnă că eu am investit o cantitate de energie în primul rând față de altă persoană: am trimis către cineva o cantitate de emoții, de gânduri, de trăiri pe care i le-am încredințat emoțional acelei persoane. Este ca și când i-aș fi încredințat ceva foarte important pentru mine: o bună parte din sufletul meu. Această parte din sufletul meu include o serie de așteptări pe care eu mi le hrănesc pe parcursul relației cu persoana respectivă.

Pe măsură ce o relație avansează, indiferent că vorbim despre o relație de cuplu, despre una amoroasă sau despre una de rudenie cu cineva, eu ajung să am niște așteptări din ce în ce mai mari. Aşteptările mele cresc pentru că implicarea mea emoţională creşte, devenim din ce în ce mai apropiaţi, iar atât experienţele, cât şi suferinţele noastre ne unesc. De aceea consider firesc ca tot ceea ce eu investesc în acea relaţie să mi se întoarcă, iar această idee este ceva care are legătură cu ce îmi imaginez eu. Eu, ca suflet întrupat în această viaţă într-un corp fizic, nu am cum să primesc nici mai mult, nici mai puţin de cât am nevoie pentru a putea să mă experimentez pe mine însumi în toate ipostazele posibile.

Dacă în această etapă a vieţii mele eu am nevoie de sprijinul, de iubirea şi de grija unei persoane faţă de care am avut numai intenţii bune, dar nu le primesc, acest fapt duce la declanşarea unei crize. Această criză mă va face să descopăr cine sunt eu, precum şi anumite adevăruri despre mine pe care nu aş fi avut cum să le descopăr dacă aş fi fost într-o relaţie armonioasă şi liniştită.

În momentul în care omul iubit este alături de mine în momentele grele (sau eu îi sunt alături persoanei respective în momentele grele), se creează o conexiune foarte puternică între noi la nivel energetic. Această conexiune energetică numită şi string energetic este tot timpul hrănită de ceea ce fac ambii participanţi în relaţie. În momentul în care unul dintre participanţi alege să taie această conexiune (să iasă din relaţie fără ca celălalt să-şi fi dat acordul, să ia o decizie care să le pună în pericol relaţia, să intervină un al treilea în relaţie şi astfel corpul energetic să primească informaţie şi de la corpul energetic al persoanei cu care eu sunt înşelat), atunci se creează un haos la mine în suflet și în minte, haos care mă destabilizează. În momentul în care intervine altcineva într-o conexiune dintre două persoane, toate cele trei persoane ajung să fie implicate într-un schimb de energie (care se produce în orice relație, inclusiv într-una extraconjugală). Acest lucru mă determină să nu știu cine sunt și să mă întreb ce rol joc eu în viața acestei persoane, dacă ea alege să plece cu altcineva, să fie cu altcineva, iar eu să nu mai contez pentru ea.

Trădarea este rezultatul unei îndepărtări treptate care s-a produs între corpul meu energetic și corpul energetic al persoanei în cauză. O persoană nu mă trădează pur și simplu, ci ca o consecință faptului că nu mai suntem pe aceeași frecvență. Putem să spunem că nu am observat asta, că lucrurile erau OK, că noi credeam că suntem bine. Se poate ca părerea pe care o ai despre relație să fie una legată strict de ceea ce tu ai construit în mintea ta, iar persoana cu care ești să fi crescut diferit din punct de vedere energetic și emoțional, să aibă o stare total diferită de a ta, stare pe care iată că nu ți-a comunicat-o, despre care tu nu știi nimic, dar pe care persoana respectivă o are de mult timp și ajunge să o exprime. Neputând să o manifeste în relație, ajunge să o manifeste în afara relației, pentru că ceea ce se petrece cu sufletul nostru pe parcursul acestei vieți este un proces complex, pe care mintea nu îl poate anticipa.

Sigur că, atunci când intri într-o relație cu cineva, îți dorești să nu îl înșeli niciodată. Însă viața pune în drumul tău o serie de stări și emoții cu care nu știi ce să faci. Astfel, unii oameni ajung extrem de răniți, cu răni profunde cauzate de abandon sau de neiubire. Aceste răni pot însemna că deşi ei sunt într-o relaţie cu cineva, nu reuşesc să-şi comunice emoţiile faţă de persoana respectivă, drept urmare caută ajutor în afara relaţiei. De multe ori, acest ajutor este o relaţie extraconjugală care bineînţeles că ajunge să-i rănească pe toţi cei care sunt implicaţi în ea. Putem spune că o relaţie extraconjugală nu este ceva corect, pentru că toată lumea suferă. Însă faptul că eu simt nevoia să mă îndrept către un alt partener sau faptul că eu sunt înşelat de partenerul meu trebuie să mă pună în situaţia în care să mă întreb *unde anume s-a produs această deconectare între sufletele noastre* şi dacă mai putem să reluăm sau să reînnodăm această relaţie.

Orice persoană care ne trădează, care pleacă de lângă noi, o face pentru că într-o etapă anterioară celei de trădare s-a produs deconectarea emoţională şi energetică: corpul energetic al persoanei respective nu a mai găsit suficientă energie cu care să se hrănească, şi astfel a ajuns să caute această formă de energie în altă parte, la altcineva. Oricine trădează sau pleacă într-o altă relaţie nu o face doar pentru a întreţine relaţii sexuale cu altcineva sau pentru că este mult mai atras de altcineva (deşi aparent acesta este motivul), ci pentru că îşi caută o formă de energie care să îl ajute să meargă mai departe.

Mai important decât atât, face asta pentru că există nişte răni ascunse despre care nu a vorbit cu nimeni, despre care nu ştie nici măcar partenerul său. Încearcă să vindece şi să umple golul interior generat de aceste răni, generând suferinţă altcuiva. Acest lucru se întâmplă pentru că persoana înșelată nici nu este nevoie să afle acest lucru, ca să primească acest mesaj la nivel energetic.

Subconștientul meu interacționează cu tot ce se întâmplă în jur, iar atunci când eu stau lângă un om, primesc toată informația despre ce simte el față de mine, ce crede, ce a făcut. Nu e nevoie să-mi spună în cuvinte că nu mă mai iubește sau că e cu altcineva, pentru că eu sunt informat deja prin intermediul schimbului de energie și de emoție care se realizează constant între noi. Evident că aceste informații mă perturbă și mă dau peste cap, de aceea este foarte important ca, în momentul în care se produce această infidelitate și aflu că partenerul meu, omul cu care am o relație de mai mult sau de mai puțin timp, mă înșală, să înțeleg în profunzime situația, să nu îl judec pe celălalt, să nu îl condamn, să nu îl urăsc și să nu vreau să mă răzbun. Noi suntem suflete libere și nu suntem proprietatea nimănui. Așadar, eu, ca suflet, sunt în totalitate liber și sunt o formă de conștiință care nu este în posesia unei alte persoane, nici măcar în posesia mea. Eu ajung să experimentez această întrupare și această viață ca o formă de condiționare, dar care până la urmă mă aduce aproape de ceea ce sunt: iubire necondiționată. În momentul în care eu sunt într-o relație în care partenerul meu spune: *„Ești al meu, ești a mea, trebuie să faci ce spun eu, cum vreau eu"*, evident că asta este contrar naturii sufletului meu. În acel moment, lucrurile nu mai funcționează. De aceea, posesivitatea într-o relație distruge, anihilează și anulează tot, oricât de puternice ar fi sentimentele participanților în relație, pentru că este contrară principiului iubirii: iubirea este despre libertate și este despre a acorda celuilalt libertate completă. Degeaba partenerul meu, soțul meu stă lângă mine și eu îi spun: *„Nu ai voie să te uiți la alte femei."* Din momentul în care este nevoie ca eu să spun asta sau este nevoie să țin pe cineva cu forța lângă mine, atunci este foarte clar că noi, la nivel energetic, nu mai avem conexiune. Prin urmare, nu are nicio relevanță dacă îi spun sau nu să nu se uite la alte femei, căci el oricum, la nivel energetic, s-a îndepărtat de mine. Soluția nu este să-i impun cuiva să facă sau nu ceva. Soluția este să văd ce și cum anume pot să fac, astfel încât să am lângă mine oameni cu care sunt profund conectat din punct de vedere emoțional, spiritual și energetic. Adică lucrurile care ne leagă nu sunt doar o conexiune sexuală, care poate să dispară la un moment dat, sau o convenție, un parteneriat în ideea că trebuie să fim împreună pentru ceilalți, pentru copii sau pentru orice altceva.

Dacă sufletele noastre nu mai au o conexiune, relația nu mai există. De aceea, infidelitatea apare și ca rezultat al contradicției dintre ce spune mintea *(Tu trebuie să fii în această relație)* și ce spune sufletul *(Eu nu-mi iau suficientă energie din această relație)*. În acel moment, eu caut ajutor în altă parte. Există oameni care sunt într-o relație împlinită și au lângă ei niște parteneri incredibil de buni, dar își înșală totuși încontinuu partenerul. Mai există zicala: *„Nu pleacă nimeni de bine de-acasă."* Ba da, un om poate să plece și de prea mult bine, și de prea mult rău; nu este un criteriu relevant, pentru că acești oameni au niște răni foarte profunde la nivel emoțional, pe care nu sunt capabili să le gestioneze și atunci refulează într-o zonă de rebeliune și revoltă. Rănile acestea se poate să fi apărut în viața lor într-un moment pe care ei nu îl depistează. În momentul în care o rană emoțională nu este vindecată, generează neîncredere în forțele proprii. Atunci ai nevoie de validare și cauți un alt partener care să spună că ești important, valoros, frumos, dezirabil. Mai poate fi vorba și despre o rană de abandon, și atunci cauți disperat în afara relației de cuplu mai multe persoane care să te iubească, deși știi că este greșit și că nu te ajută. De asemenea, dacă ai fost umilit o perioadă lungă de timp, se prea poate să vrei să-ți demonstrezi ție însuți că ai mult mai mult control și poți să fii cu mai multe persoane în același timp, pentru că ești foarte dorit și foarte iubit.

Așadar, persoanele care caută să fie cu mai mulți parteneri în același timp sunt de fapt niște victime ale unor răni pe care nu le conștientizează; Pentru că nu încearcă să le vindece și își caută mai multe surse de energie de unde se pot hrăni, astfel încât să acopere deficitul de energie generat de rănile lor emoționale. În momentul în care se produce acest dezechilibru energetic, eu nu mai pot să am o perspectivă reală asupra vieții și asupra nevoilor mele, pentru că rana mea este tot ce contează. Eu văd lumea doar prin rana mea, iar principala mea nevoie și dorință atunci când sunt rănit emoțional este să fac ceva să nu mă mai doară atât de tare. De aceea, acțiunile mele nu mai sunt raționale și nu mai țin cont dacă îi rănesc sau nu pe ceilalți, nu mai sunt niște acțiuni morale. Tot ce mă interesează în acel moment este să acopăr durerea.

Există multe persoane extrem de răutăcioase, despre care spunem că „sunt pline de venin". Aceşti oameni au de fapt o rană profundă şi au nevoie să scoată la suprafaţă această durere pe care o verbalizează faţă de noi într-un mod agresiv, negativ sau ostentativ.

De aceea, în fiecare punct din viaţa mea, eu mă intersectez la nivel energetic cu foarte multe versiuni ale mele, cu versiuni din ceea ce eu sunt. Dacă judec un om care mă înşală înseamnă că, la nivel profund, mă judec pe mine, cel dintr-o anumită etapă a vieţii.

Toţi cei care vin în această viaţă şi în această întrupare vin ca să înveţe. Fiecare dintre noi are propriile sale lecţii, de aceea nu putem niciodată să-i judecăm pe ceilalţi pentru lecţiile lor. Ceea ce pot însă să fac şi ceea ce este sănătos pentru mine este să văd cât anume din drumul meu în această viaţă vreau să parcurg alături de altcineva. Aici este diferenţa: în momentul în care cineva m-a trădat şi mi-a generat o rană extrem de profundă, eu am nevoie să mă cunosc, să evaluez situaţia şi să-mi dau seama dacă pot trece sau nu peste acea rană. Dacă ştiu, simt şi conştientizez că nu m-am vindecat şi dacă persoana respectivă continuă să mă rănească şi să mă trădeze, nu fac altceva decât să fiu propriul meu călău, propriul meu criminal şi să mă ucid în fiecare secundă, încetul cu încetul. Din punct de vedere emoţional, o relaţie care este doar de convenienţă sau de faţadă reprezintă un chin îngrozitor la care eu mă supun în mod conştient. Este o relaţie în care nu mi se pot întâmpla lucruri bune şi care blochează absolut tot ce ar putea să vină benefic către mine. Frecvența vibrațională este starea mea, ceea ce eu emit la nivel mental, emoțional și spiritual. Se referă la ce tot ce gândesc, la tot ce simt acum față de punctul în care mă aflu, față de oamenii din viața mea. Frecvența vibrațională pe care sunt eu în acest moment îmi generează o anumită întâlnire cu toate lucrurile și cu toate evenimentele. De aceea, am nevoie să rămân pe o frecvență care mă ajută să cresc, independent de ce se întâmplă în viața mea. Dacă trec prin lucruri care mă rănesc și care îmi provoacă durere, rămân în continuare conectat la nivel energetic cu acel om care m-a trădat.

Foarte multe persoane au această problemă: conștientizează că un om care i-a trădat a greșit profund și, din punct de vedere mental, nu au niciun motiv să-l ia înapoi, dar în același timp, din punct de vedere emoțional, cei doi sunt încă foarte conectați, acel om este o parte importantă din sufletul lor și nu au cum să renunțe la ea. De aceea, dacă am fost trădat și am suferit o trădare mă gândesc: *„Să mă împac sau nu cu omul respectiv? Oare mai putem avea o relație?"* Trebuie să mă cunosc foarte bine pe mine însumi și să știu dacă pot să-l iert în profunzime pe acel om, dacă el se poate ierta în profunzime pentru ce a făcut, dacă putem continua relația și dacă suntem amândoi angajați în acest proces de vindecare. În situația în care eu sunt singura persoană care face toată treaba (vrea să ierte, să se vindece, să se comporte ca și când nimic nu s-ar fi întâmplat), atunci lucrurile nu vor merge, nu pot să repar nimic. Dacă sunt într-o relație cu o persoană pe care eu am trădat-o, iar persoana respectivă știe că am trădat-o, este important să nu mă comport ca și când nimic nu s-a întâmplat. S-a întâmplat ceva, știm amândoi asta, am simțit amândoi și atunci nu am cum să pretind că nu este adevărat. Ce mă ajută foarte mult este să am suficientă compasiune și înțelegere față de celălalt și față de mine, iar persoana în cauză să aibă înțelegere față de greșelile sale și să ne chinuim pentru ceva din trecut, pentru ceva ce nu mai poate fi schimbat și nu mai poate fi reparat.

Așadar, trădarea vine la pachet cu o responsabilitate foarte mare: *Ce fac după ce am aflat că sunt trădat? Ce fac după ce se află că am trădat pe cineva?* În fiecare moment din viațăa, eu pot să fiu în oricare dintre ipostaze; dacă acum o să judec pe cineva și spun eu nu aș fi făcut niciodată așa ceva, în viața mea o să aibă loc un eveniment care o să mă pună în fața unei întâmplări în care ajung să trec prin ceva ce am judecat. Tot ce ni se întâmplă are rolul de a ne ajuta să ne înțelegem prin ceea ce ne fac ceilalți. Până să apară acest nivel de înțelegere, există foarte multă suferință. Oamenii din viața noastră pe care-i iubim ajung uneori să ne facă lucruri de neînțeles, care nu pot să aibă justificare și spunem: *„Am stat toată viața cu tine și n-am știut niciodată cine ești. Cum ai putut să faci așa ceva?"* În fapt tu nu poți să știi niciodată cine este un om mai mult decât știe el însuși. Tu îl știi din ceea ce vrea el să arate despre sine, dar cine suntem cu adevărat putem ști doar noi, înlăuntrul nostru. Și uneori nici noi; uneori ne ia toată viața să ne cunoaștem pe noi înșine.

De aceea, trebuie să avem foarte multă grijă cum ne bandajăm sufletul rănit și ce facem cu el în momentul în care este rănit de un eveniment de tipul unei trădări. Trădarea și infidelitatea îmi pun foarte tare sufletul în pericol și mă fac să mă îndoiesc de mine, să mă îndoiesc de cine sunt și să cred că am fost trădat pentru că nu merit iubirea cuiva și pentru că sunt mai prejos de ceilalți. Această convingere limitativă ajunge să se constituie într-o veritabilă rană de abandon cu care eu va trebui apoi să mă lupt și pe care trebuie să am grijă să n-o proiectez în viitoarele mele relații. Există foarte mulți oameni care au o rană de abandon, o rană de trădare, care au fost trădați și ajung la rândul lor să trădeze, tocmai pentru că rana lor este nevindecată. Dintr-o rană nevindecată și dintr-o durere care nu a fost manifestată și adusă la suprafață se naște o altă durere mai profundă. Cei mai cruzi și mai răi oameni sunt cei nevindecați care nu au putut să facă acest drum către interiorul lor, către rana care generează actul trădării, tocmai din cauză că doare foarte tare, și atunci o proiectează asupra celorlalți și văd lumea doar prin lentila acestei dureri.

Infidelitatea într-o relație înseamnă că eu, la nivel energetic, aleg să mă conectez cu o altă sursă de energie.

Dacă eu sunt cel care înșală, înseamnă că nu reușesc să mă conectez cum trebuie cu corpul energetic al partenerului meu, nu mai sunt sincronizat cu emoția lui și nu ne mai furnizăm unul celuilalt suficientă energie cât să rămânem împreună pe aceeaşi frecvenţă. Trebuie văzut ce anume pot să fac eu în acest context şi trebuie să ştiu că soluţia nu este niciodată să merg în paralel cu nişte relaţii extraconjugale, pentru că aşa am eu senzaţia că îmi iau energie de la persoanele în cauză. De fapt, nu fac decât să pierd energie, pentru că prin absolut orice act sexual cu altă persoană, corpul energetic se conectează la programul său karmic, la istoricul spiritual al familiei sale, precum şi la o serie de programe mentale. Aşa cum poţi să iei o boală cu transmitere sexuală dacă nu te protejezi, la fel poţi lua o „boală cu transmitere spirituală" dacă nu te protejezi şi nu ai grijă de corpul tău energetic. În acest caz, protecţia înseamnă să fiu într-o relaţie cu o persoană al cărei corp energetic mă ajută şi îmi face bine, o relaţie în care există iubire. Iubirea îmi asigură un cadru sănătos în care pot fi cu partenerul meu şi o relaţie în care nu este nevoie ca eu să fac pe poliţistul sau pe supraveghetorul. Iubirea este suficientă ca să-mi asigure un climat de siguranţă, de încredere. Când eu sunt perfect sincronizat cu celălalt, nu pot să mă conectez la alt aparat electronic, pentru că sunt deja conectat la reţeaua mea. Eu am internet de la reţeaua mea wireless, nu mai sunt conectat la altă reţea, nu mai pot să mă conectez la altă reţea wireless.

În momentul în care eu descopăr că la nivel energetic există o rană, că există o problemă în relaţia mea, am două posibilităţi. Fie încerc să îmi repar relaţia şi încerc să văd ce anume pot face eu ca această relaţie să continue (dacă vreau să continue), fie am toată sinceritatea din lume şi plec din relaţie. Însă a trăda sau a înşela pe cineva nu este niciodată o idee bună, pentru că mă aduce într-un punct în care nu mai știu cine sunt, în care trebuie să susțin mai multe relații când, de fapt, eu nu sunt în niciuna. În momentul în care generez o suferință cuiva, relația cu mine însumi are de suferit; chiar dacă persoana pe care eu o înșel nu știe, corpul ei energetic știe asta și – cel mai important – subconștientul meu știe asta. Eu nu mă pot ascunde nicicând de nimeni, pentru că sunt supravegheat de mine însumi tot timpul. Este important să știu să păstrez în viața mea și să știu să trăiesc în acord cu ceea ce-mi face bine și este sănătos pentru mine din punct de vedere energetic și spiritual.

Orice încercare de a păcăli, de a trăda sau de a fura ceva de la cineva este de fapt încercarea de a mă răni pe mine, de a-mi face mie rău. Din această cauză, ajung să sufăr profund. Chiar dacă eu nu știu care este motivul pentru care sufăr, identific o suferință profundă în viața mea și atunci este important să văd care este cauza acestei suferințe și unde anume se produce această scurgere de energie.

Rana de trădare este o rană de abandon, o rană de neiubire, de umilire și are în ea înglobate foarte multe răni se vindecă în timp și cu foarte multă acceptare. Se vindecă în primul rând cu meditație, cu rugăciune, cu o formă de terapie holistică, prin comunicarea cu ceilalți, cu mers în natură, cu o activitate fizică, cu lucruri care să-i permită corpului meu energetic să se regenereze. O rană de trădare înseamnă că sufăr o gravă avarie la nivel energetic. Voi avea nevoie să recuperez cu foarte multă răbdare și cu foarte multă compasiune față de mine însumi ce mi-a fost luat prin acea trădare. Voi avea nevoie să-mi cresc din nou sufletul, care în acea situație a fost aproape călcat în picioare, aproape desprins de tot ce eu îmi imaginam că am în relația aceea.

În același timp, pot să-mi revin dintr-o trădare mult mai ușor dacă nu îl urăsc pe celălalt, dacă nu îl învinovățesc și dacă nu îmi concentrez energia către pedepsirea lui. Altfel, energia care ar trebui să meargă către vindecarea mea va merge doar către pedepsirea celuilalt, iar eu nu mai am cum să mă vindec. Trebuie tot timpul să văd ce răni aduce la suprafață această trădare și, mai ales, ce lecții am eu de învățat din această trădare, pentru că nimic nu se întâmplă fără să fie în favoarea mea.

Dacă sufletul meu are de experimentat o lecție emoțională, este important să văd care e cauza pentru care eu am de experimentat această lecție și, mai ales, ce pot face pentru a elimina această cauză și a absorbi cu adevărat înțelepciunea și experiența asociate lecției respective.

7.

Iubirea imposibilă: ce fac dacă iubesc un om cu care nu pot avea o relație?

Ce anume putem face pentru a reuși să gestionăm intensitatea sentimentelor pe care le trăim când iubim o persoană cu care nu putem avea o relație?

Cum (dacă) putem face iubirea imposibilă să devină posibilă? Cum putem redirecționa această stare care ajunge de foarte multe ori să ne consume profund din toate punctele de vedere?

Nu numai că nu trăim iubirea aceea, dar ne găsim într-un haos mental și emoțional de nedescris: ne gândim și respirăm doar pentru acea persoană și, dacă nu suntem lângă ea, simțim că nu mai suntem noi înșine.

În toate relațiile pe care le avem, fie că este vorba despre o relație de prietenie, una de iubire sau una profesională, ce ne dorim este să primim, sub o formă sau alta, binecuvântarea, încuviințarea și validarea celuilalt. Cum ne simțim când cineva ne spune: *„Bravo felicitări, e foarte bine ce faci, mulțumesc că ești așa"*? Și cum ne simțim în momentul în care cineva ne spune: *„Nu am neapărat încredere în tine. Nu știu dacă e ok ceea ce faci"*?

Eu pot să iau în seamă tot ce mi se spune, dar nu voi avea o relație apropiată și nu mă voi angaja într-un schimb de energie și de emoții cu cineva pe care nu-l simt apropiat de sufletul meu, care nu prezintă încredere pentru mine, cu cineva de la care nu primesc încurajare, sprijin, validare.

Față de restul relațiilor pe care le avem, lucrurile se complică puțin când vorbim despre iubire. Dacă eu sunt prieten, amic cu cineva, dar nu există o apropiere fizică între noi sau sentimente extrem de profunde (un schimb de identitate pe care ajung să-l fac într-o relație de iubire), pot să gestionez relația respectivă chiar dacă nu sunt pe deplin mulțumit de ea. Dacă nu sunt pe deplin mulțumit de angajații mei, de șeful meu, de vecinii mei sau de părinții mei, dat fiind că nu există acest schimb de energie atât de puternic care are loc într-o relație de iubire, pot să gestionez o anumită cantitate de nemulțumire. Așteptările mele nu sunt colosale, pentru că îmi pun problema la un moment dat că acele persoane ar putea să nu facă ce îmi doresc așa cum îmi doresc.

Într-o mai mică sau mai mare măsură, rămân rațional, sunt capabil să păstrez un grad de obiectivitate în relația noastră. Pot să-i înțeleg pe părinți că nu sunt neapărat foarte afectuoși cu mine pentru că au avut niște traume, pot să înțeleg că relația noastră este una mai rece și mai distantă, dar îmi găsesc o cantitate de afecțiune în altă parte. Pot să înțeleg și faptul că nici colegii mei de la muncă nu sunt cei mai prietenoși, dar fiecare o să-și vadă de treaba lui.

Acest principiu nu-l pot aplica și într-o relație de iubire. Din momentul în care mă apropii fizic de cineva, din momentul în care există între noi o apropiere atât de intimă (și nu doar fizică, ci și emoțională), capacitatea mea de a mă muta în viața celuilalt, în gândurile și în emoțiile lui crește exponențial. Ajung într-un punct în care depind de ceea ce persoana iubită decide să-mi comunice; ajung să trăiesc pentru a citi un cuvânt de la această persoană, cuvânt care cântărește mult mai mult decât un miliard de cuvinte mai frumoase pe care pot să le primesc din altă parte.

Ajungem într-un punct, la un atașament care ne face să simțim că, dacă iubirea respectivă nu se întâmplă, viața noastră nu merge înainte și totul stă pe loc. De ce avem această disponibilitate atât de mare de a ne lăsa asimilați de celălalt și de a ne abandona pe noi în totalitate?

Pentru că în momentul în care viața mea, deciziile și emoțiile mele nu mai sunt ale mele, ci depind exclusiv de ceea ce decide acel om pe care îl iubesc, nu mai e vorba despre o identitate emoțională proprie, ci despre o stare de dependență emoțională profundă.

Ceea ce eu consider că este scopul vieții mele ajunge să fie condamnarea mea, pentru că la nivel emoțional nu mai recunosc nicio altă sursă de bucurie, în afară de persoana pe care o iubesc. Această vulnerabilitate și acest atașament extrem de profund pe care îl experimentăm într-o relație de iubire nu este o slăbiciune a oamenilor sensibili, pasionali sau romantici, așa cum în mod eronat se generalizează. Fiecare dintre noi consumă diferit emoția și gândurile pe măsură ce evoluează și se dezvoltă ca personalitate și identitate emoțională. Acest consum poate fi mult mai mare în cadrul unor relații față de alte relații, deoarece eu mă conectez în primul rând la nivel emoțional cu ce conține un om, cu ce a acumulat înainte de întâlnirea noastră. Dacă eu apreciez anumite calități la cineva – pe care nu neapărat le recunosc, dar care pe mine mă fac să mă simt în siguranță și detașat –, atunci deschiderea mea față de acea persoană poate fi mult mai mare decât în mod normal. În clipa în care îmi place de cineva și descopăr că avem lucruri în comun, nu mai sunt în defensivă, nu mai sunt atent neapărat la ce spun și cum spun, nu mai încerc să-i fac o impresie celuilalt, ci reușesc cu adevărat să mă deschid emoțional până în punctul în care și celălalt se deschide și reușim să avem o conexiune emoțională autentică.

Să ai o conexiune emoțională autentică înseamnă să vorbești cu un om despre ce simți așa cum simți tu, fără un plan prestabilit, fără să încerci să pari într-un fel anume și fără să-l forțezi pe celălalt să privească această interacțiune într-un anumit fel.

În momentul în care are loc această conexiune emoțională autentică, vulnerabilitatea mea crește foarte mult. Eu dau la o parte toată armura pe care mi-am construit-o din punct de vedere mental. Această armură poate fi preventivă (Nu e momentul să am această relație acum; Eu nu pot să fiu cu această persoană; Omul acesta nu e potrivit pentru mine) sau poate fi construită pentru că am suferit foarte mult (Am avut foarte multe relații eșuate, nu-mi permit încă o dezamăgire; Nu mai vreau să fiu această persoană).

În momentul în care sufletul meu se conectează cu sufletul unui alt om, aceste programe mentale dispar în unele cazuri sau ajung să ruleze undeva în subconștient, pe fundal. În planul principal există doar intensitatea emoției pe care o trăiesc și acesta este și motivul pentru care suntem dispuși să dăm la o parte în cadrul unei iubiri tot ce, în mod normal, ne definește ca ființe raționale și obiective. Poate că, în mod normal, nu aș fugi în lume cu cineva fără să-l cunosc în prealabil, fără să știu lucruri despre el. Dar când o asemenea iubire, singurul lucru pe care mi-l doresc este să fim împreună. Expresia este una metaforică, dar surprinde esența acestei capacități de a renunța la absolut tot ce cunoști, la cine ești tu, la valorile sau la credințele tale. De ce în cadrul unei iubiri apare nu numai o ceață mentală, ci și nevoia de a te delimita de tot ce ai fost până la această iubire și de a te scufunda profund, de a întruchipa emoția (tu devii iubirea ta, devii această emoție în profunzime)?

Atunci când trăim o conexiune foarte puternică cu cineva, scara noastră de valori se schimbă. Prioritățile noastre se schimbă, ele nu sunt – așa cum ne place să credem – cele mentale. Eu pot să am un plan prestabilit despre cum vreau să arate viața mea, despre ce îmi doresc, dar când mă cuprinde intensitatea unei emoții – de furie, de disperare, de bucurie –, planul meu mental o să fie la mare depărtare de mine, iar eu o să fiu acolo consumând acea emoție, fără să-mi pese de consecințe. Pot să pregătesc mental ceva, dar este mai dificil să pregătesc emoțional ceva. Pot să-mi propun acum să mă port într-un anumit fel, dar nu știu ce emoții vor ieși la suprafață sau ce-o să trezească în mine cineva, deși rațional înțeleg perfect consecințele faptelor mele. Eu nu pot să controlez – și este complet greșit să încerc să minimalizez – intensitatea emoției și să spun că mie nu mi se poate întâmpla să iubesc o persoană nepotrivită, că mie nu mi se poate întâmpla să fiu într-o relație în care nu-mi propun să fiu, în care nu am voie să fiu. Nu știu ce impact va avea emoția din momentul respectiv asupra mea. Puterea emoțiilor de a ne îngenunchea în anumite situații este una foarte mare și tot ceea ce putem face toată viața noastră este să ne pregătim să întâmpinăm aceste emoții cu foarte multă responsabilitate și sinceritate, să le conștientizăm, să nu ne ascundem după planuri mentale stupide care ne spun că trebuie să fim într-un anumit fel. Da, noi suntem în acel fel până simțim acea emoție intensă. Dar după aceea nu mai suntem la fel. Sigur că prioritățile, perspectiva și ce ne dorim se schimbă pentru că noi tocmai ne-am schimbat. Adevărata și cea mai profundă schimbare vine din interacțiunea noastră cu toate emoțiile pe care le avem, atât cu cele pozitive, cât și cu cele negative.

În cazul unei iubiri imposibile nu este vorba doar despre ceea ce simt față de acel om, de ceea ce mă animă, ci și despre starea de pericol, despre adrenalină și despre provocarea care intervine. Este ceva ce eu vreau să-mi demonstrez mie însumi. Ideea fructului interzis înseamnă, din punct de vedere emoțional, că nu-mi este permis accesul către cineva, dar vreau cu atât mai mult să trăiesc acel lucru.

Îmi imaginez că acolo este fericirea mea, eliberarea de tot ceea mă nemulțumește ce acum. Desigur, descopăr că este fals doar după ce consum fructul interzis. Până nu consumi în totalitate o emoție, nu poți să-ți dai cu părerea despre ea și nici nu poți să te folosești de înțelepciunea ei. Emoția din cadrul unei iubiri imposibile este singurul profesor care îți poate arăta că acea iubire imposibilă nu este o idee bună.

Un al doilea aspect este legat de tot ce am făcut eu cu mine însumi până când am fost lovit de acest tren al iubirii. Dacă eu, până în momentul în care m-am îndrăgostit de cineva și apoi am ajuns să iubesc (sunt două etape diferite), am avut o viață care cuprindea activități legate de conexiunea autentică cu alți oameni, elemente care mă țineau într-o stare de echilibru, voi gestiona mai ușor această iubire imposibilă, pentru că voi avea niște ancore de care mă agăț în procesarea unor emoții atât de intense. Dacă, în schimb, mi-am trăit viața așteptând această iubire ca pe o eliberare de toate nefericirile mele, ca pe acel val care vine să șteargă de pe țărmul sufletului meu toate neîmplinirile scrijelite în răni emoționale lăsate de foștii parteneri, atunci nu voi mai reuși să mă desprind nicicum din iubirea imposibilă. Voi ajunge să pariez totul pe iubire și să fiu convins că trăirea pe care eu o am în situația respectivă este ceea ce-mi lipsește cu adevărat. Cantitatea și intensitatea emoțiilor pe care eu le trăiesc când mă îndrăgostesc de cineva depășesc intensitatea oricăror emoții pe care le-am trăit până atunci; pentru că echivalează cu emoția pe care eu o trăiesc în zece sau în douăzeci de ani de bucurie, atunci când desfășor o activitate zilnică. Este o cantitate uriașă de energie care mă antrenează la nivel emoțional, în sensul că ajung să-i dau sufletului meu ocazia să fie fericit doar atunci când se conectează cu acel om. Este ca și când eu îmi golesc apartamentul de toată mobila pe care o am, o duc în apartamentul celuilalt și mă mut la el. Celălalt poate să aibă loc pentru lucrurile mele, dar poate să zică: *„Îmi pare rău, apartamentul meu e deja mobilat."* Sau poate ca nici măcar să nu deschidă ușa.

La fel se întâmplă când te îndrăgostești de cineva sau când iubești pe cineva. Oricât de bun sau de deștept ești, oricât de mult te vezi deasupra celuilalt, nu are absolut nicio relevanță. Nu este un argument ca un om să te iubească pentru că tu te consideri superiorul lui din anumite puncte de vedere. Dacă celălalt este într-o etapă în care nu are loc pentru sentimentele mele în viața lui, se poate să rămân pe dinafară. Acesta este un aspect care ne provoacă cea mai mare durere: eu consider că omul de care mă îndrăgostesc într-un anumit moment, de care îmi place, pe care îl iubesc este obligat să aibă și el sentimente față de mine. Acest lucru este fals, fiind rezultatul unor așteptări bolnave pe care le avem de la ceilalți oameni. Poate că îmi doresc ca acel om să mă iubească și el, dar faptul că nu mă iubește nu poate anula tot ce fac și tot ce sunt, pentru că asta înseamnă că eu de fapt sunt nimic.

Dacă lipsa de validare din partea cuiva mă poate face să nu mai am nimic, înseamnă că de fapt eu trebuie să pornesc în căutarea a ceea ce am cu adevărat. Nu pot să-mi petrec viața așteptând să primesc iubirea cuiva ca să exist, să fiu prezent, să mă bucur de viața mea.

Această viziune romantică, toxică a iubirii, în care eu sunt complet și întreg doar atunci când mă iubește cel pe care eu îl iubesc, este o negare a propriului meu suflet și o anihilare a identității mele emoționale.

Sunt mulți oameni care iubesc și care nu sunt iubiți; ei ar trebui să-și dea seama că sufletul lor încearcă să le spună ceva: *„Este momentul să te ocupi de tine. Este momentul să vezi de ce cauți validare și iubire în afara ta? Oare nu cumva pentru că nu există în interiorul tău? Nu cumva pentru că nu ai reușit să vezi cine ești?"*

Eu nu pot să ofer sau să primesc mai multă iubire decât există deja înăuntrul meu, deși se poate spune că unele persoane oferă mai multă iubire, iar alții, mai puțină.

Indiferent cât de multă sau cât de puțină iubire primesc de la cineva, pot primi doar cu măsura cu care eu simt. Gimnastica sentimentelor mele va stabili flexibilitatea cu care eu primesc emoțiile celuilalt. Dacă eu mă mișc într-un ritm lent, oricât de rapid emoțional se mișcă celălalt,voi procesa emoțiile în ritmul meu, nu în ritmul lui. În cadrul unei iubiri imposibile, facem această greșeală: ne imaginăm că lucrurile trebuie să meargă în ritmul nostru.

„De ce nu mi-a scris până la ora asta? De ce ne vedem de atât de puține ori? De ce nu-mi spune cuvinte frumoase?" Pentru că acel om este o ființă separată de tine. Nu v-ați născut împreună. Drept rezultat, ați trăit lucruri diferite, aveți limbaje ale iubirii diferite, simțiți diferit și, prin urmare, iubiți diferit. Ceea ce pot face eu este să nu-l cert pe celălalt pentru că nu mă iubește așa cum vreau, ci să mă uit atent și obiectiv la el și să văd dacă pot să procesez cantitatea de emoție pe care mi-o transmite. Dacă el are un loc în viața mea, dacă este benefic pentru mine sau dacă, din contra, trebuie să mă opresc, pentru că îmi fac singur rău persistând într-o relație care nu duce nicăieri.

Se vorbește foarte mult despre conceptul *„relația trebuie să ducă undeva."* Oamenii intră în relație privind lucrurile extrem de structural: următorul pas este căsătoria, apoi un copil, apoi al doilea copil, după care copiii se duc la facultate, fac și ei copii, noi îmbătrânim împreună și devenim bunici. Această misiune, oricât de firească și naturală este din punct de vedere al perpetuării speciei și al satisfacerii apetitului societății pentru familii fericite, este una care ne face să nu ne mai concentrăm pe ce se întâmplă acum, ci doar pe ce s-ar putea întâmpla în viitor. Mai exact, dacă intru într-o relație și scopul meu este să mă căsătoresc, în acel moment scopul relației nu mai este să primesc și să ofer iubire, ci căsătoria în sine. Și atunci eu sunt mult mai înclinat să dau la o parte lucruri fundamentale (cum ar fi dacă omul acela e potrivit pentru mine sau nu), odată ce obiectivul meu este satisfăcut.

Multe femei ajung la o anumită vârstă și se întreabă ce pot face dacă nu sunt căsătorite. Nu poți decât să trăiești. Oare după ce te căsătorești nu vei mai exista ca individ, vei deveni una și aceeași persoană cu soțul tău? În acest caz, vorbim despre o dezintegrare emoțională și despre o asimilare emoțională a celuilalt. Oricât de mult îmi doresc să fie ceva benefic, situația ajunge să mă epuizeze la un moment dat. Oricât de mult iubesc o persoană și oricât de mult mă iubește, suntem două individualități separate, două personalități distincte. Trebuie să fiu sincer cu mine și să văd dacă acea iubire pe care eu o văd imposibilă e într-adevăr iubire sau dacă nu cumva este o traumă de abandon, de respingere, o durere, o așteptare pe care eu o am de la viață și pe care o numesc *iubire imposibilă*. Dacă iubești pe cineva cu adevărat, îi respecți alegerile, iar una dintre acestea poate fi aceea că că acest om nu te vrea. Ar trebui să învățăm și acest aspect în viața noastră, că se poate să primim mai multe respingeri decât aprecieri, că putem iubi oameni care să nu ne iubească la rândul lor. Aceștia ne pot aprecia și stima , dar au dreptul să nu simtă iubire față de noi.

Iubirea este diferită și de îndrăgostire, și de prietenie, și de apreciere; este diferită de absolut orice formă de emoție, pentru că ea înglobează toate aceste emoții și pentru că puterea ei este aceea de a transforma major orice emoție negativă într-una pozitivă.

Nu se spune degeaba că iubirea e cea mai mare forță din Univers – acolo, în spațiul iubirii, eu nu mai simt nevoia să trag de celălalt ca de un obiect care îmi aparține, nu mai sunt gelos pe el, nu mă mai gândesc cum să fac să ies bine; eu deja am un raport de echilibru emoțional foarte puternic și iubirea pe care o simt față de acest om mă face să-mi iubesc toate alegerile, așa cum sunt ele.

În practică însă, în fiecare relație de iubire eu consum o cantitate uriașă de emoție, care îmi dă o cantitate de înțelepciune majoră, necesară pentru mine, și nu am cum să mă feresc de consumul acestor emoții. Soluția în cazul unei iubiri imposibile nu este să o negi, oricât de gravă ar fi situația. Chiar dacă ești căsătorit cu cineva și te-ai îndrăgostit de altcineva, este foarte important să nu negi ceea ce simți. Dacă negi, emoția respectivă te va consuma pe tine, nu o vei consuma tu pe ea; emoția nu va dispărea. Dacă mă consumă o emoție pe mine, ea poate să nu dispară niciodată. Dar dacă eu consum emoția – adică primesc o emoție în viața mea, o las să plece; vine altă emoție, o consum, o experimentez și pleacă –, eu pot să trăiesc în continuare, pentru că sunt în flux. Viața curge, timpul trece, iar noi trebuie să primim tot timpul emoție, gânduri, afecțiune ca să rămânem în viață și să rămânem funcționali.

Din momentul în care vreau să monopolizez atenția, afecțiunea, timpul cuiva este foarte clar că nu mai sunt în flux, ci sunt undeva în afara mea, tocmai pentru că nu îmi aparține nimeni și nimic în afară de propriul meu suflet și sunt responsabil în această viață pentru acest suflet. Pot ajunge la concluzia că iubesc un om complet nepotrivit pentru mine, pot să iubesc un om cu care să nu fi avut niciodată contact fizic, să văd o persoană o singură dată în viață și să simt iubire pentru ea. În unele cazuri poate să fie atașament, poate să fie o traumă de frică, o traumă de abandon, pe care o proiectez asupra acelei persoane, dar poate să fie și iubire.

Dintre cei care consideră că au avut parte doar de iubiri imposibile, mulți spun că nu au rămas cu nimic. Nu e adevărat – fiecare iubire pe care o trăiesc și pe care o experimentez este o deschidere majoră din punct de vedere emoțional, o șansă incredibilă de a mă descoperi, de a vedea cum reacționez în fața unei asemenea situații, de a gestiona ce simt, de a merge mai departe cu mine și cu emoțiile mele într-un fel pe care nu îl credeam posibil până în momentul apariției acestei iubiri. O iubire imposibilă poate să fie catalizatorul schimbării mele emoționale. Se prea poate ca scopul pentru care acea iubire este prezentă în viața mea să fie nu împlinirea mea emoțională cu acel om, ci deschiderea unor orizonturi emoționale pentru mine, care rezultă în urma cunoașterii mele.

Iubirea neîmpărtășită este o stare cumplită, o stare de fierbere emoțională în care timpul se oprește în loc. De ce ești atât de disperat să primești această iubire? Pentru că i-ai dat celuilalt puterea absolută asupra ta și ceea ce tu îi transmiți emoțional celuilalt este: *„Fă ce vrei cu mine, pentru că oricum eu am încetat de mult să exist, sunt doar proiecția ta."*

Aici avem cel mai mult de lucrat, aici este punctul de cotitură în devenirea noastră. Dacă în fiecare relație ne abandonăm complet, îi predăm celuilalt cheile de la sufletul nostru și spunem: *„Haide, iubește-mă!"*, el poate să spună că nu e pregătit, poate să facă un pas în spate și să spună că nu vrea un angajament. Se prea poate ca tu să crezi despre acel om că este neserios, dar, de fapt, el să fie pur și simplu într-o altă etapă decât tine, într-un punct în care nu se poate întâlni cu tine. Sunteți fiecare pe o altă bandă a autostrăzii. Poate că mergeți în același sens, dar se prea poate să nu vă intersectați niciodată. Procesul în cadrul căruia dau vina pe celălalt pentru lipsa de iubire se produce atunci când nu caut cu adevărat cauza pentru care eu sunt în starea respectivă. Eu pot iubi un om cu care nu am cum să am o relație, dar este nevoie să știu că nu sunt singur în această iubire – sunt împreună cu tot ce am acumulat emoțional și mental până în acest punct și pot să mă folosesc de celelalte lucruri din viața mea, în afara acelei iubiri imposibile.

Se poate ca, dacă mă îndrăgostesc sau iubesc un om care este toxic pentru mine, pe măsură ce conștientizez, încep să îmi dau seama că singurul gest de iubire pe care-l pot face față de mine însumi este să renunț la iubirea pe care o am față de acest om. Aceste conștientizări sunt unele extrem de dureroase, dar, în același timp, sunt cele mai mari binecuvântări, semnul unei deschideri emoționale fără precedent.

O iubire imposibilă este un ciclu de evoluție emoțională accelerată. Tu poți considera că ai eșuat, că nu ai primit nimic, că te-ai chinuit degeaba, dar sufletul tău a descoperit în cadrul acestui proces niște instrumente de prelucrare a emoției pe care nu le-ar fi avut niciodată la îndemână și care reprezintă, de fapt, motivul experimentării acelei iubiri imposibile.

Este foarte important să nu neg ceea ce simt legat de un om, pentru că pot trăi mult mai ușor cu o emoție foarte intensă dacă o recunosc, pot face cunoștință cu ea, pot să o integrez în viața mea și o pot manifesta. Ea nu mai este un concept abstract, am unde să o așez în ceea ce trăiesc. Apoi contează să văd dacă există într-adevăr traume sau răni emoționale pe care eu le am și care m-au dus către această iubire imposibilă sau către alte iubiri imposibile, relații complicate și nefavorabile.

Trebuie să descopăr dacă nu cumva văd în această iubire un mod de a scăpa de realitatea care nu-mi convine. Dacă aleg să nu rămân focusat în iubirea imposibilă, pot începe să văd ce e de vindecat și de curățat la mine, de vreme ce eu aleg doar persoane care nu pot să-mi ofere iubire. Se poate ca eu să sufăr de o lipsă de iubire față de propria persoană și să mă orientez doar către oameni care nu mă pot iubi.

Ca să nu te mai orientezi către oameni care nu te pot iubi, trebuie să te vindeci și să înveți această iubire față de tine.

În momentul în care tu ești deja complet, nu mai cauți o jumătate, ci cauți un alt întreg care să vină și să te celebreze în unicitatea și în individualitatea ta. Tu nu depinzi de celălalt, pentru că tu ești întreg și ideal este ca și celălalt să fie întreg.

În momentul în care îmi pun toată viața în slujba acestui ideal al iubirii pasionale, viața îmi arată că iubirea aceasta ideală nu există. Sigur că poate exista o lună sau două în etapa de îndrăgostire, de iubire romantică, dar apoi fiecare dintre noi aduce la suprafață traume, nesiguranțe și frici personale. Acest lucru nu înseamnă că fiecare om are traume și frici; există și lucruri pe care nu le putem controla, care vin din afară – pot fi probleme financiare, poate să fie un copil care ne duce din postura de iubiți în postura de părinți (iar în acest caz nu mai suntem iubitul și iubita, nu mai interacționăm tot timpul doar de pe poziția de iubit/iubită, ci și din poziția tată și mamă).

Se poate să descopăr după primele luni de iubire pasională, romantică lucruri care nu-mi plac la celălalt, lucruri degradante, iar eu îl iubesc în continuare pe acest om. Nu înțeleg de ce îl iubesc, deși sunt atât de multe lucruri care nu-mi convin la el. Este nevoie ca eu să fiu pregătit pentru aceste situații și să las la o parte clișeele, stereotipurile și prejudecățile care spun că o relație trebuie să fie perfectă și că trebuie să fii tot timpul fericit în relație.

De fapt, trebuie să fiu conștient, prezent și să găsesc formula optimă ca să nu fiu nefericit.

Abia atunci voi fi fericit, pentru că fericirea vine ca o consecință firească a ceea ce eu fac și gândesc. Nu este un obiectiv pe care mi l-am scris pe oglindă și la care mă uit în fiecare zi spunându-mi că asta am de făcut.

Întâlnirea sufletului tău cu un alt suflet nu poate fi programată și aici este înțelegerea profundă a propriei noastre naturi umane. Nu putem programa cum să reacționăm când ne întâlnim cu un alt suflet. Nu pot să știu acum ce reacție o să-mi provoace un om total nepotrivit pentru mine, care nu vrea o relație cu mine și trebuie să fiu pregătit pentru acest scenariu și să înțeleg că viața nu este doar o chestiune de câştig, de triumf, de relaţie romantică în care amândoi plutim pe un nor de fericire. De foarte multe ori, primesc aceste provocări şi am foarte multe relaţii eşuate. Ajung să trăiesc o iubire imposibilă pentru a face posibilă relaţia cu mine însumi, pentru a găsi în mine starea de echilibru şi de libertate care să-mi permită să trăiesc în iubire. Nu pot pretinde vreodată să rămân în echilibru cu mine atât timp cât toate emoţiile mele le pariez pe celălalt, care este o fiinţă umană, la fel ca mine, cu dispoziţii diferite. După ce am lucrat suficient cu mine, după ce am descoperit cine sunt, pot să confrunt ce îmi oferă acest om, ce este el cu adevărat cu ceea ce sunt eu şi să văd dacă aceste două versiuni pot să coexiste în echilibru în viaţa mea. *Pot eu să trăiesc cu acest om, cu toate defectele lui, cu toate lucrurile care mă deranjează, fără să îmi pun în pericol sănătatea mentală, emoţională, fizică şi spirituală?*

Dacă răspunsul este DA, înseamnă că am o relaţie funcţională. Nu pentru că relaţia e perfectă, nu pentru că persoana e perfectă, ci pentru că amândoi, aşa cum suntem acum, reuşim să funcţionăm şi să găsim împlinire în relaţie.

Dar dacă ceea ce se întâmplă în interacţiunea voastră este durere continuă şi dacă fiecare dialog şi discuţie cu acest om îţi provoacă durere, dacă persişti într-o stare de disperare şi te gândeşti ce să faci ca să te impui, este foarte clar că problema nu e omul care nu te bagă în seamă. Problema eşti tu, pentru că nu te bagi în seamă suficient cât să poţi să pleci atunci când eşti respins sau dat la o parte şi primeşti neiubire. Dacă tu eşti învăţat cu neiubirea şi ţi se pare firesc să fii respins și abuzat, înseamnă că are loc un necesar proces de vindecare. Poți să-l amâni, dar nu poți să îl negi, la un moment dat tot va trebui să se întâmple.

Să presupunem că lucrurile merg foarte bine între voi: ești îndrăgostit, omul acela te iubește, tu îl iubești pe el, puteți să fiți împreună (sau nu puteți, dar faceți tot posibilul să fiți împreună). La un moment dat tot se va întâmpla ceva, pentru că viața este de așa natură încât tot timpul se întâmplă lucruri la care nu te aștepți. Puteți să aveți așteptări, dar nu aveți cum să controlați ce se va întâmpla. Iar ceea ce ne rănește într-o relație de iubire este această dorință de control, această așteptare ca lucrurile să se întâmple într-un anumit ritm. De multe ori, nu trăim o iubire imposibilă, ci trăim o iubire în ritmul celuilalt, care este diferit de ritmul nostru, dar nu suntem dispuși să acceptăm asta. Nu suntem dispuși să luăm partea bună a lucrurilor – faptul că ne-am deschis emoțional față de cineva –, ci, mai degrabă, vrem să vedem rezultatul, vrem să avem controlul, vrem să știm că celălalt ne iubește. Pentru ca noi să trăim o poveste de iubire, nu e suficient ca celălalt să ne iubească. Este nevoie ca noi să putem face ceva cu această iubire, să știm să o primim ca să o putem da mai departe și să avem bun simț în iubire. Dacă un om nu te vrea, nu poți să spui că de fapt trăiești o relație imposibilă de iubire, că ești o persoană romantică și că adori să te sacrifici pentru oamenii abuzatori care nu te doresc.

În cazul acesta, tu ești o persoană traumatizată care are nevoie de ajutor, de vindecare și care are nevoie să înțeleagă că iubirea aceea pe care o caută la cei care nu pot să o ofere este lipsa de iubire din interiorul propriului suflet. Este un proces lung și dificil, dar poți să înveți să ai iubire față de tine. Iar când ai iubire față de tine însuți, se întâmplă ceva interesant: nu te mai îndrepți către oameni care nu te iubesc. Mai mult, dacă te duci spre un om care-ți spune că nu are iubire de oferit, acest lucru nu te mai rănește, nu te mai atacă, nu te mai distruge. Este foarte simplu: nu te duci cu găletușa să cerșești iubire de la el; vii cu pachețelul tău de iubire, iar dacă acel om vrea să împartă din pachețelul lui, ești mulțumit. Dacă nu, îți vezi de drum.

Asta este o perspectivă reală și umană asupra relațiilor. Există o presiune foarte mare asupra bărbaților – trebuie să vină la întâlnire cu flori, să aducă daruri, să se comporte într-un anume fel sau să fie galanți –, dar și asupra femeilor – trebuie să arate tot timpul bine, să fie extrem de aranjate, să facă impresie bună, să fie suave, discrete, elegante. Toate aceste lucruri sunt doar niște presiuni imaginare. Tu poți să fii cea mai discretă și mai suavă fată din lume, dar dacă acel bărbat nu te iubește (nu ești genul lui – el nu rezonează cu felul în care tu arăți, cu felul în care tu vorbești), nu poți face nimic să schimbi asta. De ce ne resping unii oameni? Pentru că, în acel moment al evoluției noastre emoționale și spirituale, noi nu avem o întâlnire cu ei. Chiar dacă noi vrem să avem întâlnirea respectivă, ea nu este pentru binele nostru, iar sufletul își configurează în această viață drumul doar în funcție de ceea ce este pentru binele nostru suprem. Sigur că în timp poți spune că, dacă ai fi reușit să fii cu omul respectiv, pe care l-ai iubit atât de mult, nu ai mai fi ajuns unde ești.

Însă sufletul tău își ia tot timpul exact atât cât are nevoie de la ceilalți: și cantitatea de iubire, și pe cea de respingere sau de apreciere. Dar cel mai important este ca pe parcursul vieții să vezi ce se află în interiorul tău; doar atât poți controla, doar atât poți cultiva. Poți să-i iubești pe ceilalți, să-i respecți, să-i urăști, dar nu poți să schimbi pe oamenii. Un om se schimbă pentru că el simte că trebuie să facă asta, pentru că vrea, pentru că a trecut printr-un proces de conștientizare, nu pentru că tu îi faci reproșuri. Dragoste cu sila nu se poate și e bine că nu se poate. Dacă s-ar putea, ar însemna să trăim niște vieți artificiale, în care nu mai suntem noi, nu mai suntem prezenți, în care nu mai creștem. De foarte multe ori, cele mai bune lucruri ni se întâmplă când suntem la pământ, când suntem respinși și ne ridicăm – pentru că ne ridicăm altfel, ne ridicăm altcineva de acolo, de jos. Avem puterea de de a-i ridica și pe ceilalți, tocmai pentru că am trecut prin acea experiență.

Așadar, termenul de iubire imposibilă ar putea să nu mai existe în momentul în care noi am face posibilă iubirea față de noi înșine, iubirea autentică, adevărată și i-am vedea pe ceilalți ca pe niște suflete care vin să experimenteze alături de noi câte o bucată de trăire, de respingere, de iubire, de acceptare. Dacă am lua și am accepta de la acești oameni ce ei ne oferă atunci, în acel moment, suferința noastră ar fi curmată. Nu am mai trăi în așteptări și deziluzii și am înțelege că oamenii care ne iubesc rămân lângă noi, ne caută, ne vor și ne arată asta. Nu e niciun mister și iubirea nu e imposibilă, pentru că acel om care te iubește va face să fie posibilă iubirea voastră – pentru că pentru el nu există altă posibilitate.

E valabil și viceversa, dacă iubim cu adevărat un om. Iar dacă apar multe piedici și obstacole (puse de celălalt sau puse chiar de noi), trebuie să regândim iubirea respectivă și să vedem care este mesajul sufletului nostru pentru noi înșine și, mai ales, dacă nu cumva suferim de o lipsă de iubire față de propria persoană.

8

Limbajul iubirii și energia sexuală: Cum mă sincronizez emoțional cu celălalt?

Putem să ne sincronizăm cu cineva din punct de vedere emoțional (ne place de acea persoană, avem sentimente față de ea și viceversa), însă din punct de vedere sexual, conexiunea nu există, este una foarte slabă sau una care vine doar dintr-o singură parte, fără să existe reciprocitate. De foarte multe ori, aceste limbaje diferite ale iubirii pe care le avem, pe care le exprimăm fiecare prin emoția și trăirea noastră ajung să se interpună între ceea ce eu vreau să exprim față de cineva și ce ajunge să înțeleagă acea persoană.

Când vorbim despre energie și conexiune sexuală, vorbim despre o parte foarte importantă a fiecărei relații, dar și despre o parte extrem de sensibilă, care poate să pună în umbră toate sentimentele adevărate pe care partenerii le au, dacă lucrurile nu funcționează între ei.

Ce înseamnă energia sexuală?

În momentul în care aduci acest subiect în discuție, din cauză că în mentalul colectiv s-a împământenit ideea că este un concept rușinos, ceva murdar, obscen, interlocutorul poate alege să nu vorbească cu tine despre ce simte ca ființă sexuală.

În acel moment, lucrurile se blochează undeva într-o zonă în care eu susțin că sunt bine și că sunt mulțumit de relația mea, celălalt susține la fel (deși relația ajunge să se erodeze, pentru că nu există autenticitate și nu există dialog) și de foarte multe ori fiecare își face în gând bagajul și pleacă din relație sau intră într-o altă relație, iar lucrurile rămân suspendate. De aceea, energia sexuală dintr-o relație se referă la chimia pe care eu o am cu cineva din punct de vedere emoțional, spiritual și apoi fizic. Apare întrebarea: Dacă se numește *energie sexuală,* cum are asta vreo legătură cu *spiritualitatea?* Pentru ca eu (femeie sau bărbat) să mă deschid în fața unei persoane, să îi dau cuiva acces la corpul meu, să fiu deschis către atingerea unei persoane, este nevoie să existe în prealabil sincronizare emoțională – să fiu atras de acea persoană.

Energia sexuală a unei relații se referă la limbajul pe care tu îl folosești cu mine ca partener, iar eu îl înțeleg și îl folosesc la rândul meu în relația cu tine.

Se poate să fim două ființe extrem de atrăgătoare, foarte aspectuoase, într-o formă fizică de invidiat și să avem o conexiune mentală extraordinară, să împărtășim foarte multe valori și idei și să ne placă să petrecem timpul împreună, dar energia sexuală dintre noi să fie inexistentă. Acest lucru se întâmplă din mai multe motive.

În primul rând, pentru ca energia sexuală a unei relații să existe, să fie păstrată și să fie consolidată pe o perioadă lungă de timp, este nevoie să am alte ingrediente pe care trebuie să le adaug în permanență în relația asta: încredere în mine și încredere în celălalt. Încrederea este foarte importantă, nu pot pretinde vreodată că aș putea simți bucurie, plăcere sau satisfacție față de un om în care n-am încredere. În momentul în care eu aleg să las pe cineva să se apropie de corpul meu într-o ipostază atât de vulnerabilă cum este cea sexuală, este nevoie ca celălalt să-mi fi câștigat încrederea. În același timp, încrederea în mine este un factor major în felul în care îi voi comunica celuilalt ce îmi doresc.

Încrederea în mine, în felul în care arăt, în felul în care gândesc, în felul în care comunic este esențială nu doar pentru existența energiei sexuale în relație, dar și pentru păstrarea ei. Multe persoane ajung să nu aibă încredere în felul în care arată, în ce vede celălalt la el și evident că energia sexuală a relației se diminuează, pentru că ea este oprită de emițător, de cel care ar trebui să trimită această energie către celălalt. Partenerul nu mai recepționează această cantitate de energie și spune de multe ori: *„Nu mai sunt atras de tine."* Acest lucru se întâmplă pentru că eu nu mai sunt atras de mine, partenerul simte și nu face altceva decât să verbalizeze ceea ce există în interiorul meu și nu am pus în cuvinte: că mie nu îmi mai place de mine. De aceea, pentru ca energia sexuală să existe și să se mențină pe termen lung într-o relație, este nevoie ca aceasta să fie alimentată de persoana care are încredere în ea însăși și în celălalt. Dacă eu nu am încredere în celălalt, dacă îmi este frică de omul de lângă mine, energia sexuală din relația noastră va fi una extrem, extrem de scăzută, poate chiar inexistentă. De multe ori, ce încearcă să facă ambii parteneri este să suplinească această energie sexuală cu energie mentală, să ducă lucrurile la un nivel mental, încercând să pună altceva în locul energiei sexuale. Trebuie foarte bine înțeles faptul că energia sexuală nu poate fi înlocuită cu altceva. Ea are nevoie să fie completată, sprijinită și întreținută de energie spirituală, mentală, emoțională, dar nu poate fi niciodată înlocuită cu altceva.

Ca o relație (romantică, care include și apropiere fizică) să existe și să continue pe termen lung, este nevoie de prezența acestei chimie sexuale, a acestui limbaj al corpului care are loc între doi oameni. Altfel, putem vorbi de o relație de prietenie, despre respect, despre absolut orice tip de relație care nu include energie sexuală. Acea relație poate să fie una de suflet, o relație profundă, dar energia sexuală este unul dintre cele mai importante aspecte ale unei relații romantice și necesită compatibilitate, muncă și conștientizare din partea ambilor parteneri.

De multe ori, energia sexuală este luată în râs, cade în derizoriu pentru că oamenii se gândesc „la prostii" atunci când spun energie sexuală. Acesta este un aspect foarte serios, dar tocmai de aceea este luat în derâdere: de multe ori simți nevoia să râzi de lucrurile pe care nu le înțelegi, ca să faci să pară mai puțin importante sau să pară că nu-ți pasă.

Dar trebuie să ne pese, în primul rând pentru că toţi partenerii sexuali pe care i-am avut sau îi avem în această viaţă reprezintă o parte din înregistrările mele energetice din prezent. În al doilea rând, partenerul sexual este o direcţie pe care eu o alimentez, există o conexiune pe care eu o am cu mintea, cu emoţia, cu trăirea acelei persoane.

Chiar dacă m-am întâlnit o singură dată sau de mai multe ori cu o persoană şi spun: *„Nu este nimic între noi, că suntem doar prieteni cu beneficii"*, nu contează; fiecare om care mă atinge din punct de vedere fizic mă atinge şi din punct de vedere energetic, şi din punct de vedere emoţional. Acea atingere este una încărcată de semnificaţie, chiar dacă eu sau persoana care mă atinge negăm această semnificaţie. Eu nu mă întâlnesc cu un om doar fizic, nu se întâlnesc doar corpurile noastre, ci se produce o întrepătrundere la nivel energetic. O cantitate de energie sexuală este descărcată în corpul meu energetic, iar celălalt se încarcă cu o anumită cantitate din energia mea. Energia prin care noi comunicăm în momentul apropierii fizice este într-adevăr energie sexuală, dar informaţia la nivel energetic pe care eu o emit şi pe care o primesc este şi de altă natură: include date despre starea mea emoţională, date despre caracterul meu, despre personalitatea, despre istoricul meu emoţional şi viceversa. De aceea, în foarte multe cupluri, unul dintre parteneri ajunge să manifeste trăirile, stările şi chiar trecutul celuilalt – pentru că se produce acest schimb.

Energia sexuală este unul dintre limbajele iubirii, care sunt atât de diferite pentru fiecare dintre noi. Ne exprimăm atât de diferit emoțiile, este o diversitate care ne învață și ne crește spiritual și emoțional.

În același timp, dacă limbajele noastre sunt diametral opuse vom fi exact ca în Turnul Babel. Nu vom reuși să ne înțelegem niciodată și nu vom construi nimic împreună, ci doar separat și, la un moment dat, va trebui să acceptăm că nu ne auzim unul pe celălalt.

Problema cu un limbaj diferit al iubirii nu este aceea că e diferit – putem să fim diferiți, dar complementari. Ceea ce contează este să ne înțelegem. Dacă diferența dintre noi doi constă în faptul că eu spun ceva și tu înțelegi altcevasau eu spun ceva și tu nu înțelegi nimic, atunci vorbim despre limbaje ale iubirii care nu se întrepătrund. Dacă există disponibilitate, vindecare, conștientizare, putem să sincronizăm aceste două limbaje și să găsim un numitor comun. Pentru asta, trebuie ca ambii parteneri să-și dorească acest lucru. Dacă diferența dintre noi înseamnă că eu sunt o persoană mai introvertită, iar celălalt este extrovertit, dar reușesc să îi comunic în mod eficient ceea ce simt, astfel încât el să înțeleagă și să recepționeze limbajul pe care eu îl folosesc, atunci suntem perfect în regulă și putem spune că extrovertit-introvertit se completează perfect.

Acest lucru nu se întâmplă însă în toate situațiile. Contează foarte mult disponibilitatea fiecărui partener de a fi prezent în relație, de a păstra relația și perspectiva fiecărui partener asupra energiei sexuale din relație.

În cazul apropierii sexuale de cineva, eu consum o stare, o apropiere fizică, o stare de plăcere. Dar, după ce am consumat acea stare, eu rămân cu emoția celuilalt, cu gândurile și cu trăirile lui. Prin intermediul energiei sexuale care se activează în timpul actului sexual, eu fac un schimb de energie și de emoție și ajung să îmi imprim la nivelul corpului energetic o cantitate de informație care este activată și reactivată de câte ori mă apropii fizic de persoana respectivă.

Această mentalitate în care energia sexuală este fie luată în derâdere și considerată ceva murdar sau obscen, care trebuie îndepărtat, fie este hiperbolizată și considerată singurul aspect important, vine tocmai din lipsa înțelegerii profunde a ce se întâmplă la nivel energetic când doi oameni se apropie din punct de vedere fizic. Nicio apropiere fizică nu este doar o apropiere fizică și atât, ci este în primul rând o apropiere cu emoția și ființa ta. De aceea, când te apropii fizic de cineva, când ai contact sexual cu el este ca atunci când te îmbraci cu anumite haine în care s-a impregnat un anumit miros, o anumită substanță. În acest context, hainele sunt reprezentate de corpul nostru energetic, care ajunge să fie tranzitat de toată informația celuilalt. Așa cum descărcăm un fișier în calculator și apoi îl accesăm, tot așa descărcăm foarte multă informație de la corpul energetic al celuilalt, prin intermediul energiei sexuale.

Multe persoane confundă energia sexuală cu energia emoțională sau cu energia mentală și afirmă că nu au sentimente și nu au trimis energie emoțională către acel om, ca să se fi conectat cu el. Dar dacă a existat un contact sexual între tine și altcineva, înseamnă că a fost inițiată o conexiune care este și de natură emoțională. Prin intermediul energiei sexuale se descarcă o cantitate uriașă de energie și de foarte multe ori mergem pe drumul nostruși spunem că ne dorim o nouă relație, că ne dorim să fim cu cineva și să fim fericiți, dar nu înțelegem de ce nu ne putem conecta cu altcineva.

Acest lucru se întâmplă pentru că am rămas conectați și amprentați de energia foștilor parteneri sau a fostului partener și, prin intermediul energiei sexuale, suntem încă suntem legați de acea persoană (un string energetic este de multe ori suficient de puternic cât să te țină conectat ani de zile cu emoția și starea fostului partener cu care nu mai schimbi niciun cuvânt în prezent).

Multe persoane care au un contact sexual cu un nou partener cred că îl vor uita pe fostul, pentru că vor fi cu altcineva. Uneori, acest lucru nu funcționează, pentru că am nevoie să vindec și să curăț acea cantitate de energie pe care persoana respectivă a trimis-o către mine în contactul sexual pe care l-am avut. O legătură energetică (string energetic) se realizează prin orice contact sexual, de aceea dacă vreau să îl/o uit pe fostul/fosta, trebuie tăiat acest string energetic inițiat prin contactul sexual. Se poate ca eu să nu mai fi vorbit trei luni sau trei ani cu fostul meu partener, dar, prin stringul energetic prezent între noi din momentul actului sexual, să „comunicăm" permanent și să mă simt legat de acea persoană la un nivel profund. Această legătură nu-mi permite apropierea fizică sau emoțională de alte persoane și mă ține într-un ciclu al dependenței emoționale extrem de nociv și de greu de depistat. Cantitatea de energie prezentă în cadrul unui string energetic se curăță cu timpul, dar implicarea mea în cadrul procesului de curățare energetică este vitală.

Pot să curăț toată acea cantitate de energie prin ceea ce fac: prin meditație, prin rugăciune, prin sport, prin orice terapie holistică, prin felul în care mă port cu ceilalți, prin orice metodă care presupune dirijarea atenției și grijii mele.

De exemplu, vrem să plecăm dintr-o relație toxică, ne dăm seama că acel om nu este potrivit pentru noi, am citit tot ce era de citit, putem să fim coach spiritual pentru alții, să îi învățăm cum să prevină relațiile toxice, dar noi înșine nu putem pleca din relație. Acest lucru se întâmplă deoarece a existat un schimb de energie sexuală între noi, iar eu sunt legat și ancorat la corpul energetic al celuilalt, pe care, dacă nu îl văd și dacă nu mă conectez cu el, sufăr. În același timp, eu conștientizez că acea persoană nu e potrivită pentru mine, deci ceea ce îmi lipsește de fapt este cantitatea de energie pe care eu o accesez în timpul conexiunii sexuale cu persoana respectivă și pe care corpul energetic o identifică drept necesară. Corpul meu energetic s-a obișnuit cu ea pentru că i-a fost livrată pe o perioadă lungă de timp. De foarte multe ori, confundăm acest aspect cu iubirea și ajungem la un nivel de dependență emoțională și sexuală față de cineva și spunem: *„Eu îl iubesc pe acest om și îmi dau seama că este toxic, dar totuși vreau să fim împreună."*

Pentru ca iubirea să poată avea loc într-o relație, este nevoie ca ambii parteneri să contribuie cu iubire. Este nevoie ca iubirea să vină din ambele direcții. Dacă nu există acest echilibru și dacă doar unul se așează în balansoar și celălalt nu contrabalansează, lucrurile nu vor funcționa. Este importantă conștientizarea puterii pe care energia sexuală o are în viața noastră, pentru că ne poate salva în multe situații de la niște relații dezastruoase.

Se poate întâmpla ca eu să mă întâlnesc cu o persoană a cărei energie sexuală este foarte puternică, să fie un om de care eu mă simt foarte atras din punct de vedere fizic, dar cu care să nu am nimic în comun din punct de vedere emoțional și mental, care să fie diametral opus convingerilor și emoțiilor mele, felului meu de a fi, stilului meu de viață. Dacă, însă, conexiunea sexuală este extrem de puternică, trebuie să evaluez foarte bine situația. Se poate întâmpla ca celălalt să decidă să se deschidă și emoțional și astfel se poate trece de la o conexiune sexuală excelentă la o conexiune emoțională excelentă, chiar dacă ea nu a existat de la început. În acest caz, este nevoie de disponibilitatea celuilalt ca această energie sexuală din relație să nu fie singurul obiectiv, singurul premiu, singura recompensă. Ci, mai degrabă, această energie sexuală să fie prezentă pe un loc foarte important printre celelalte aspecte, astfel încât energia emoțională a relației (ce simt) să fie susținută de energia mentală (ce cred, ce gândesc, ce aduc eu din punct de vedere mental în relația respectivă). Energia sexuală, împreună cu energia emoțională și cu energia mentală converg către fapte, către comportamentul meu, către felul în care eu îmi exprim iubirea (limbajul iubirii mele).

De aceea, limbajul iubirii fiecăruia este constituit din mai multe aspecte care includ latura sexuală, cea mentală, cea emoțională, și cea spirituală.

Nu pot să am o relație de lungă furată (acea relație de poveste, relația *suflete-pereche,* relația în care ne terminăm unul altuia propozițiile) dacă există doar energie sexuală. Această legătură nu va funcționa, pentru că nu avem despre ce să *vorbim emoțional,* chiar dacă sexual ne spunem niște lucruri. În mod similar, dacă există doar energie emoțională, dar sexual nu există conexiune, lucrurile nu pot să meargă. Este nevoie așadar să conștientizez că sunt mai multe aspecte implicate în menținerea unei relații armonioase pe termen lung, toate necesitând efortul meu. Nu trebuie mă ascund în spatele orgoliului *(Eu sunt perfect. Celălalt să se schimbe, dacă vrea)* sau în spatele rușinii *(Cum să vorbim despre ce îmi doresc din punct de vedere sexual? Partenerul trebuie să-mi ghicească dorințele. Dacă nu mi le ghicește, nu este potrivit pentru mine).* Multe persoane renunță la relații care au substanță, care au conținut și care înseamnă foarte mult pentru ele din cauza faptului că lucrurile se blochează la un moment dat din punct de vedere sexual: unul dintre parteneri vrea ceva, celălalt vrea altceva.

Acest blocaj are legătură cu sectorul emoțional și mental. Fără planul emoțional și cel mental, noi am fi niște mașinării implicate într-un act sexual. Însă lucrurile nu stau așa, nu poți să te apropii fizic de un om dacă nu te apropii de el și emoțional, și mental.

Avem chiar expresiile *a face dragoste* şi *a face sex*. Spui că *faci dragoste* pentru că ai dragoste în tine şi îi oferi celuilalt din această dragoste, pe când *a face sex* e folosit când vrei să exprimi un act care se întâmplă doar din punct de vedere fizic, fără nicio conotaţie emoţională, fără nicio implicare din partea ta. Însă şi când faci sex, şi când faci dragoste, corpul tău energetic comunică cu corpul energetic al celeilalte persoane, descarcă informaţia şi, la rândul lui, trimite şi el informaţie către celălalt.

Este importantă această diferenţiere pentru că ea arată două situaţii distincte. Atunci când *faci dragoste* cu cineva şi tu eşti prezent pe plan emoţional şi mental în acel moment cu acea persoană, de bună voie şi nesilit de nimeni, te bucuri de acea conexiune care creşte pe zi ce trece. Uniunea dintre voi şi sacralitatea conexiunii voastre este dusă la următorul nivel. Când *faci sex* cu cineva, nu eşti prezent, îţi satisfaci doar anumite dorinţe, anumite pofte carnale, după care îţi vezi mai departe de viaţă, persoana respectivă nu face parte din universul tău, din viaţa ta, din starea şi din emoţia ta.

De aceea este nevoie de *mindfulness,* care presupune conştientizare – mintea care se înţelege pe ea însăşi, mintea care observă, mintea care e prezentă. *Mindfulness* înseamnă deplinătatea minţii, când mintea e plină de lucruri utile, care contează, care au însemnătate pentru mine şi care mă ajută, nu de gânduri negative, de concepte distructive, de idei false, pline de ură sau de frustrare.

Multe persoane care spun că nu mai au energie sexuală, că mai sunt cu cineva de foarte mult timp, că le e bine așa și se întreabă dacă ar trebui să caute un partener cu care să aibă o conexiune sexuală, ca să fie prezentă această energie sexuală în viața lor. Răspunsul este NU. Fiecare persoană, în funcție de trăirile sale, de istoricul său emoțional, de traumele sale, de caracterul său are anumite nevoi în ceea ce privește cantitatea de energie sexuală din viața sa. Există persoane extrem de active din punct de vedere sexual,care își iau o cantitate uriașă de energie din această comuniune, din acest contact sexual cu cineva. Există însă și persoane care nu au nevoie de această conexiune, pentru că au un alt necesar de energie sexuală în viața lor în prezent sau și-au făcut „stocul" de energie sexuală și ajung într-un punct în care această energie nu le mai este necesară pentru că își colectează suficientă energie din alte surse. În niciuna dintre situații nu este nimic în neregulă, ține doar de noi să decidem cât și ce anume din energia sexuală ne ajută într-o etapă a vieții și dacă avem sau nu nevoie să o manifestăm.

Singura problemă apare în momentul în care există această nevoie de manifestare a energiei sexuale și încerci s-o negi. În aceste cazuri, pot să apară dezechilibre, cum ar fi dependența de pornografie, dependența de sex, în care sexul devine singurul mod prin care te poți simți bine sau poți fi prezent. Multe persoane își doresc să trăiască iubire, compasiune, înțelegere, dar singurul moment în care se simt bine este când fac sex cu cineva fără să simtă iubire. Iubirea înseamnă conștientizarea sufletului, conștientizarea minții și echilibrul dintre minte și suflet. Când se realizează acest echilibru, necesarul de energie sexuală este și el în echilibru cu tine.

A face sex cu cineva nu este singura activitate prin care poți să fii prezent sau bucuros de viața ta, ci este o parte din ceea ce simți, din ceea ce gândești și este o manifestare a energiei tale, dar nu singura. Acest lucru este valabil pentru orice aspect care este dus la extrem, inclusiv pentru dependența de dulciuri, dependența de alcool, apare punctul acela în care nu mai poți să controlezi nimic din ce se întâmplă și ești dependent de stimulul care-ți provoacă singura bucurie pentru care ești dispus să renunți la orice altceva, inclusiv la propria ta viață.

Și dependența emoțională este la fel de gravă ca dependența sexuală sau chiar mai gravă în anumite situații. Absolut orice obiect, persoană sau situație care devine stăpânul tău este o încercare pentru tine, o lecție, desigur, și ceva care trebuie rezolvat în profunzime: **vindeci trauma care provoacă și întreține dependența, găsești emoția din spatele durerii și apoi dependența poate să dispară direct sau să se atenueze până dispare de tot.**

Energia sexuală este prost înțeleasă pentru că avem o societate hipersexualizată, în care se consideră că femeia trebuie să fie extrem de sexy, de atrăgătoare toată viața ei, fără termen de expirare, iar bărbații trebuie să fie niște zei sculptați, extrem de virili și de masculini ca să fie atrăgători pentru femeie. De fapt, ceea ce este atrăgător pentru tine este suma tuturor gândurilor, emoțiilor și experiențelor. Asocierile pe care le faci tu ca individ între ce este atrăgător, sexy, interesant pentru tine și ce cred ceilalți nu au nicio legătură. Mulți spun că au un anumit tipar, că le plac persoanele care arată într-un anume fel și nu sunt atrase de alte persoane care se încadrează într-un tipar considerat extrem de incitant de societate sau de alți oameni.

Această societate hipersexualizată ne spune că dacă ai o relație, energia sexuală este de la sine prezentă, dar lucrurile nu stau deloc așa. Pe parcursul unei relații, energia sexuală fluctuează foarte mult, în special dacă o femeie a dat naștere unui copil. Toate aceste lucruri schimbă fluxul energiei sexuale, schimbă și dorința manifestării acesteia fie din partea femeilor, fie din partea bărbaților. Lucrurile trebuie abordate din punct de vedere energetic și emoțional, pentru că nu este vorba doar despre un act fizic. Când spui că ai o problemă de natură sexuală în relație sau că ai o problemă cu dorința de a fi aproapiat fizic de cineva, nu e vorba despre sex, ci despre emoție, energie, despre felul în care sufletul tău se exprimă, despre felul în care sufletul tău vrea pe cineva lângă el sau respinge pe altcineva.

De multe ori, energia sexuală lipsește dintr-o relație pentru că sufletul meu nu este integrat de mine în viața mea, pentru că eu nu sunt conectat cu mine, cu emoțiile mele, am pus un zid între mine și toți ceilalți. Când cineva vrea să se conecteze emoțional și sexual cu mine, întâmpină dificultăți; eu nu permit această conexiune, iar celălalt spune că nu mai este atras de mine (pentru că eu sunt absent și nu îmi cunosc propriile nevoi sexuale și emoționale).

Într-o relație, energia sexuală este un barometru excelent al acestor nuanțe extrem de fine care ne indică prezența emoțională a unui om în viața lui. Dacă eu îmi fac griji, sunt supărat sau stresat din diverse motive, sigur că energia sexuală o să fie afectată. Toate traumele și fricile pe care le am vor face ca lucrurile să nu mai curgă în viața mea în mod fluid, spontan și n-o să mai pot fi relaxat în intimitate, ci voi începe să aduc în conexiunea mea sexuală energia fricii și a durerii din restul vieții mele.

Când vrei să controlezi energia sexuală și să pui niște limite sau bariere, se întâmplă un lucru interesant. Nu poți controla ce este în subconștient împingând gunoiul sub preș și ținând în întuneric ceea ce vrea să iasă la lumină. Mai bine aduci la lumină aceste aspecte și le faci conștiente – așa ai șansa să le vindeci. În cadrul energiei sexuale există o parte mistică a ființei noastre, care se referă la toate dorințele reprimate, la toate lucrurile pe care le considerăm imorale, nedrepte, nedemne de noi. În cadrul energiei sexuale și cu ajutorul ei, aceste lucruri ies la suprafață.

De aceea putem să ne întâlnim cu o persoană și să existe o conexiune extraordinară între noi, iar din punct de vedere sexual acea persoană să fie complet altcineva – felul în care alege să se exprime să fie prea agresiv sau pasiv pentru noi. Această diferență reprezintă de fapt aducerea la suprafață a aspectelor subconștiente pe care persoana în cauză le are prezente în ființa sa. Cu ajutorul energiei sexuale, ele ajung să se manifeste. Pentru a vindeca orice dependență sexuală sau o tendință complet deraiată, agresivă din punct de vedere sexual este nevoie să ne uităm care sunt acele traume și frici care încearcă să iasă la suprafață în momentul în care energia sexuală este descătușată, iar persoana în cauză se simte liberă de presiunea socială, de tensiunile cauzate de ceilalți, de imaginea pe care și-a construit-o în fața celorlalți. Manifestarea energiei sexuale se produce într un cadru foarte vulnerabil. Pornind de la actul de te dezbrăca, de a fi dezgolit în fața celuilalt, tu nu ești doar dezbrăcat de haine; în acel moment, ești dezbrăcat de convingerile tale limitative, de presiunile pe care ceilalți le-au pus, de tot ce ți-au spus societatea, școala, familia și te afli într-un moment în care i te arăți celuilalt nu doar așa cum ești, ci și așa cum nu știi nici tu că ești. Atunci ies la suprafață extrem de multe aspecte ale personalității noastre pe care nu le-am conștientizat, pe care le credeam îngropate, care au fost reprimate de-a lungul anilor pentru că au fost considerate rușinoase. Prin felul în care ne manifestăm în timpului actului sexual scoatem la suprafață o latură pe care nu o conștientizam, iar prin manifestările sexuale punem în mișcare toate emoțiile ascunse, trăirile negate și gândurile latente.

Orice proces de vindecare comportă această parte esențială: acceptarea mea cu tot ceea ce eu sunt, cu toate lucrurile negative pe care în acest moment le am de vindecat. Din clipa în care a fost observat un anumit aspect, el poate fi vindecat.

De multe ori, felul în care un om se comportă atunci când există o apropiere fizică îți spune mult mai mult edecât orice cuvânt despre ce simte față de tine, despre cine este el cu adevărat, despre lucrurile care rulează în subsidiar și care nu ajung să fie aduse la suprafață într-o singură discuție sau într-o viață de om.

Înțelegerea ființei de lângă mine, înțelegerea partenerului meu și din punct de vedere sexual îmi oferă o înțelegere autentică și profundă a relației noastre.

De multe ori, ca să-și salveze relația, unele persoane aleg să accepte lucruri dăunătoare sau traumatizante din punct de vedere sexual și pretind că sunt satisfăcute de alegerile sau de fanteziile partenerului, ceea ce provoacă o stare de frică și de dispreț din partea victimei care suportă abuzul. De fapt, în acele cazuri energia sexuală nu circulă, este întreruptă de blocajul emoțional și mental. Dacă eu mă apropii fizic de cineva gândindu-mă că arăt îngrozitor, că sunt prea gras, că sunt prea slab, eu nu o să mă deschid în fața celuilalt. Energia sexuală cere vulnerabilitate completă din partea mea, deschidere emoțională completă ca să poată circula, să se poată manifesta, ca dialogul dintre sufletul meu și sufletul celuilalt să poată fi inițiat.

Dacă eu sunt prezent din punct de vedere sexual, dar emoțional și mental sunt absent, conexiunea sexuală nu va fi una bună. Se poate să mi se pară că e una bună și că între noi există o compatibilitate sexuală extraordinară până în punctul în care ceea ce eu comunic sexual către partener nu va fi sprijinit de ceea ce comunic emoțional și spiritual. Limbajul iubirii mele va fi complet întrerupt și deraiat și voi ajunge în etapa în care nu am ce să-i mai spun emoțional celuilalt, iar conexiunea sexuală se va încheia.

Putem să vindecăm aceste aspecte ale energiei sexuale în primul rând vindecând propriile noastre traume, propriile răni emoționale, propriile frici și, în al doilea rând, acceptând această vulnerabilitate, această stare de deschidere completă în fața cuiva. Dacă-mi doresc o viață sexuală reușită și vreau să beneficiez de ceea ce se întâmplă din punct de vedere sexual cu partenerul meu, trebuie să mă gândiesc dacă s-a produs deschiderea emoțională a mea, respectiv a celuilalt față de mine. Dacă această deschidere emoțională nu există, dacă mie mi-e frică de partener, dacă celălalt m-a trădat sau dacă eu l-am trădat, dacă a intervenit altcineva în relația noastră – toată această informație emoțională va fi descărcată de ambii, în cadrul conexiunii noastre sexuale, și ne va împiedica să ne bucurăm de și să fim prezenți în ceea ce se întâmplă. Mai mult, va împiedica energia sexuală să contribuie la relația noastră. O cantitate de energie sexuală manifestată în acord cu sufletul meu și cu sufletul celuilalt crește o relație și o ajută să rămână un izvor de inspirație și de bucurie pentru ambii parteneri.

În schimb, dacă energia sexuală este coruptă de lipsa iubirii și a prezenței emoționale, dacă nu există conexiune autentică între suflete, ea este un factor determinant al durerii, al tristeții și al neîmplinirii din viața mea și a celuilalt. Pot spune că sunt cu cineva, dar de fapt să nu fi fost niciodată mai departe de acea persoană; acest lucru se întâmplă pentru că energia sexuală nu este întreținută de energia emoțională și de cea mentală, respectiv de prezența mea în calitate de suflet lângă celălalt.

Cuprins

EVR!KA®
PUBLISHING

De același autor: